EDITH STEIN

AM KREUZ VERMÄHLT

REIHE

KLASSIKER DER MEDITATION

EDITH STEIN

AM KREUZ
VERMÄHLT

AUSGEWÄHLT UND EINGELEITET VON

NORBERT HARTMANN OFM

BENZIGER VERLAG

CIP-Kurztitelaufnahme der Deutschen Bibliothek

Stein, Edith:
Am Kreuz vermählt / Edith Stein. Ausgew. u. eingeleitet von
Norbert Hartmann. – Zürich; Einsiedeln; Köln: Benziger, 1984.
  (Reihe Klassiker der Meditation)
  ISBN 3-545-20521-5

Umschlaggestaltung: Peter Kunz, Zürich
Hergestellt im Graphischen Betrieb
Benziger Einsiedeln
ISBN 3 545 20521 5

INHALT

Einführung 7
Vorbemerkung 7
Leben und geistige Gestalt 8
Die jüdische Konvertitin – ausgelöscht im
«Holocaust» 29
Aus den Schriften Edith Steins. Eine Text-Auswahl . . 51
Vorbemerkung, Erläuterung 53
Fremderleben des Glaubens 54
Gott – Halt und Grund meines endlichen Seins . . 55
Die Berufung der Seele zum ewigen Leben 61
Liebe als personale Hingabe 64
Gnade und Freiheit 67
An Gottes Hand 71
Tageslauf zwischen Stille und Arbeit 72
Gott anheimgegeben 76
Liebe ist Gabe des freien Willens 76
Gottes Liebe ist Selbsthingabe 79
Christus, der Erstgeborene und das Ziel der
Schöpfung 81
Freiheit als Selbstbesitz 84
Sachlichkeit 87
Religion und Tageswerk 92
Eucharistische Frömmigkeit 94
Das Gebet der Kirche – eucharistische Liturgie . . 96
Das hohepriesterliche Gebet Jesu 101
Juxta Crucem tecum stare 103
Krippe und Kreuz 104
Eins in Gott 107
Gotteskind sein heißt: an Gottes Hand gehen . . . 109
Eucharistisch leben 112
Gebet und Gebetsstufen 116
Mystisches Gnadenleben 118
Die Gottverlassenheit Jesu 120
Glaube und Beschauung 122
Die Dunkle Nacht der Gottverlassenheit des
hl. Johannes vom Kreuz 128
Literatur 132
Anmerkungen zur Einführung 135

EINFÜHRUNG

Vorbemerkung

Vierzig Jahre nach ihrem Tod ist Edith Stein, als Ordensfrau im Kölner Karmel als Sr. Teresia Benedicta a Cruce, vielen Menschen in Deutschland und in der ganzen Welt keine Unbekannte mehr. Nicht erst die Einleitung des Seligsprechungsprozesses durch den zuständigen Erzbischof Kardinal J. Frings im Jahr 1962 hat das Interesse der weiten Öffentlichkeit auf sie gelenkt. Längst sind zahlreiche Schulen, Straßen, Plätze und Institutionen nach ihr benannt. Längst sind die wichtigsten ihrer philosophischen und religiösen Schriften einer großen Leserschaft zugänglich gemacht – wobei freilich einschränkend zu sagen ist, daß die bisher 9 Bände umfassende wissenschaftliche Gesamtausgabe leider manche Wünsche offenläßt und bedauerlicherweise nur sehr langsam und stockend vorankommt, während die kleineren geistlichen Schriften in vielfältigen Ausgaben und in verschiedenen Verlagen nicht gerade liebevoll eher vermarktet wurden. Auch verschiedene biografische Darstellungen und Lebensbilder[1] genügen streng wissenschaftlichen Maßstäben nicht. So erweist sich das von Sr. Teresia Renata de Spiritu Sancto, der Novizenmeisterin und späteren Priorin Edith Steins, in dem frühen Lebensbild über «eine große Frau unseres Jahrhunderts» zusammengetragene, mit Bienenfleiß gesammelte Material, das von Auflage zu Auflage mächtig anwuchs, immer noch als eine unentbehrliche Quelle und Fundgrube für alle Daten und Ereignisse aus dem Leben. Nicht zu vergessen sind allerdings die hochinterssante, leider unvollständige Selbstbiografie «Aus dem Leben einer jüdischen Familie» sowie der Bericht «Wie ich in den Kölner Karmel kam».[2]

Hier nun soll nicht eine wissenschaftlich allseits gesicherte Biografie vorgelegt werden noch eine kritische Edition der Schriften Edith Steins. Vielmehr soll in möglichster Kürze lediglich der biografische Rahmen markiert und darin, soweit es gelingen mag, ein geistig-geistliches Porträt der Philosophin, Karmelitin und KZ-Märtyrin eingezeichnet werden, um das Verständnis der ausgewählten Texte spirituellen Charakters vorzubereiten, die im zweiten Teil dargeboten werden. Die einführende Darstellung des Lebensweges möchte also den Leser zu den Texten und Worten Edith Steins hingeleiten, auf daß er aus erster Hand geistliche Nahrung entgegennehme von dieser großen, spirituell ganz modern geprägten und uns also höchst nahestehenden, durch das Leben geläuterten und im grausamen Holocaust des Nationalsozialismus erprobten Persönlichkeit – von einer Frau, die hoffentlich bald neben P. Maximilian Kolbe OFMConv aus Polen als KZ-Heilige auch liturgisch verehrt werden kann. Schon jetzt wird sie jedenfalls zu den «Klassikern der Meditation» und zu den geistlichen Lehrmeistern unserer Zeit gerechnet werden dürfen.

Leben und geistige Gestalt

Edith wurde als jüngstes von elf Kindern der jüdischen Eheleute Siegfried und Auguste Stein am 12. Oktober 1891 in Breslau geboren. Vier Geschwister starben bereits im frühesten Kindesalter. In ihrem zweiten Lebensjahr verlor sie den Vater, der – Holzhändler von Beruf – unverhofft auf einer Geschäftsreise verstarb. Entschlossen übernahm die resolute Mutter die Leitung des Geschäftes und führte es schon in wenigen Jahren aus nicht unbeträchtlichen wirtschaftlichen Schwierigkeiten zu Blüte und Ansehen. Neben der Berufsarbeit vernachlässigte sie keineswegs die Sorge für die Erziehung und Ausbildung der

Kinder. Edith und die wenig ältere Schwester Erna, beide in gewissem Sinn Nachkömmlinge der Familie und engstens miteinander verbunden, wurden überdies liebevoll umsorgt und mit-erzogen von den z. T. viel älteren Geschwistern. Was die Mutter zur Erziehung beitrug, waren weniger belehrende Worte und Unterweisungen, als vielmehr ihr überzeugt und überzeugend vorgelebtes Beispiel.

Klein-Edith präsentierte sich schon im Vorschulalter als ein sehr ausgeprägtes Persönchen: sehr lerneifrig und wißbegierig, mit einem erstaunlichen Gedächtnis, oft vorlaut und eigenwillig, ja ausgesprochen eigensinnig und trotzköpfig, oft fröhlich und ausgelassen, bisweilen dagegen schwermütig, versonnen und versponnen, im Schlaf öfters von schweren Angstträumen geplagt. Den Besuch des Kindergartens erachtete sie unter ihrer Würde und ertrotzte sich die Zusage, völlig unüblicherweise mit Erreichung des 6. Lebensjahres, mitten im Schuljahr in die Schule aufgenommen zu werden. Obwohl äußerst strebsam, galt sie doch nie als üble Streberin. Unter ihren Mitschülerinnen war sie angesehen und ausgesprochen beliebt. So unüblich es in der damaligen Zeit auch sein mochte: die Mutter widersprach mit keinem Wort, als – nach etlichem schulischen Hin und Her – endlich das Abitur erreicht war und Edith sich zum Universitätsstudium entschloß. Sie begann es in Breslau. Es ist erstaunlich, welches Arbeitspensum sie in den vier Breslauer Semestern bewältigte. Seit Kindestagen eine Leseratte, las sie auch jetzt nebenher sehr viel und vielerlei. So gerieten ihr u. a. auch Edmund Husserls «Logische Untersuchungen» in die Hand, eines der grundlegenden Werke des Begründers der Phänomenologie, der damals in aller Mund war, vor allem auch deshalb, weil er die zeitgenössische Psychologie radikal in Frage stellte. Edith hatte neben Deutsch und Geschichte auch Psychologie belegt. Da sie von der

Art ihres Lehrers alles andere als angetan war, zog es sie machtvoll zu Husserl nach Göttingen. Es mag ein wenig Stolz auf die begabte Tochter mitgespielt haben, daß die Mutter trotz einiger Bedenken und Sorgen einwilligte. Die Sorge entsprang vor allem der Tatsache, daß Edith religiös völlig gleichgültig geworden war; zwar opponierte sie äußerlich nicht gegen die religiösen Bräuche, die nach wie vor in der Familie gepflegt wurden, sie tat vielmehr nach außen mit, was üblich war, aber ohne innere Anteilnahme und Überzeugung.

Sehr schnell lebt sich die Studentin in Göttingen ein und wird ebenso schnell in den engeren Kreis der Husserl-Schüler aufgenommen. Mit Eifer dringt sie ein in die Gedankenwelt ihres «geliebten Meisters», wie Husserl von seinen begeisterten Schülern liebevoll genannt wird. Doch drängt sich die Frage auf: Kann ein junger Mensch von ihrer geistigen Begabung sich damit zufriedengeben, in eine neue Philosophie einzudringen? Gibt es nicht viel drängendere Lebensfragen, die einen jugendlichen Geist beschäftigen, ja quälen müßten, der den angestammten Väterglauben verloren hat? Edith Stein wird später, viel später, die Antwort auf diese Frage geben und aussprechen: «Mein Suchen nach Wahrheit war ein einziges Gebet.»[3] Ihr ist klargeworden: «Gott ist die Wahrheit.»[4] Darum gilt: «Wer die Wahrheit sucht, der sucht Gott, ob es ihm klar ist oder nicht.»[5] Eben darum auch ist ihre Einsicht zutreffend, die ihr erst nach vielen Jahren, nach der intensiven Beschäftigung mit Thomas von Aquin, kommt: Alle Beschäftigung mit der Wissenschaft ist Gottesdienst.[6] Diese Aussagen freilich ergeben sich erst aus dem Rückblick auf ihr Leben. Vorerst aber wagt sie sich hinaus aufs hohe Meer der Wissenschaft: der Psychologie, der Philosophie, der Geschichte, auf der steten Suche nach einer befriedigenden Antwort auf die Frage nach dem Wesen der

Seele, des Geistes, des Menschen, unablässig ange-
trieben von der bedrängenden Frage nach der Klar-
heit. Der Lesehunger des Kindes, der unermüdliche
Fleiß der Schülerin, der erstaunliche Arbeitseifer der
Studentin in Breslau und womöglich noch mehr in
Göttingen – es ist die rastlose Suche nach Erkenntnis
und Wahrheit, die wie ein nicht stillstehender Motor
wirkt. Man muß schon sagen, sie sei einem guten
Stern gefolgt, als sie nach Göttingen übersiedelte.
Hier fand sie genau das, was ihr guttat und was sie
fesselte: die Anleitung zur Sachlichkeit unter dem
Husserlschen Motto «Zu den Sachen selbst!». Edith
Stein bestätigt dies ausdrücklich: « ... die klare und
deutliche Erkenntnis steht als ein eindringlich gefühl-
ter Wert vor mir und reißt mich unwiderstehlich in
sich hinein.»[7] In ihren Augen ist die von Husserl
begründete Phänomenologie «das Gebiet strengster
Sachlichkeit», und deren Leitmotiv «Zu den Sachen
selbst!» entsprach genau ihrer Geistesart, wie sie
selbst gesteht[8]. Sie fühlt sich also in der Phänomeno-
gie wirklich zu Hause; diese ist «der gegebene Weg
für die Verfasserin, die in der Schule Husserls ihre
philosophische Heimat und in der Sprache der Phänomenologie ihre Muttersprache hat.»[9]
Sachlichkeit – das wird fortan für sie zur beherrschen-
den Maxime. Der Leser ihrer Schriften stellt mit wachsender Verwunderung fest, wie oft das Wort «sachlich» bzw. «Sachlichkeit» begegnet, ganz besonders
häufig in ihren Vorträgen und Aufsätzen über die
Rolle der Frau in der Gesellschaft und über Frauenbildung. In der Erziehung zur Sachlichkeit sieht sie ein
nützliches und notwendiges Gegengewicht zur natürlichen weiblichen Veranlagung: der Offenheit für das
Lebendig-Personale. Es ist ihre Überzeugung: «Wer
eine Sache gründlich beherrscht, der steht dem ganzen
Menschentum näher, als wer nirgends Boden unter
den Füßen hat.»[10] Sachlichkeit, sachlich – das be-

deutet für sie «der Sache zugewandt», allein von der Sache bestimmt, sachgemäß, «sachgetreu», substantivisch: «Sachgehorsam».[11] Funktion der Sachlichkeit ist die «Schulung des Gehorsams», weshalb sie von «Sachgehorsam» spricht; ihre Frucht aber ist nicht schon Heiligkeit, die ja allein durch Gnade erwirkt sein kann. Wenn Edith Stein trotzdem von «heiliger Sachlichkeit» spricht, meint sie eindeutig ein Überschreiten der bloßen Sachlichkeit im Sinn von Sachtreue und Sachgehorsam, wie sie es in der Einleitung zur «Kreuzeswissenschaft», ihrem Spätwerk, unmißverständlich zum Ausdruck bringt: «Das ist *heilige Sachlichkeit* (Hervorhebung im Original!): die ursprüngliche innere Empfänglichkeit der aus dem Heiligen Geist wiedergeborenen Seele; was an sie herantritt, das nimmt sie in der angemessenen Weise und in der entsprechenden Tiefe auf; und es findet in ihr eine durch keine verkehrten Hemmungen und Erschwerungen behinderte, lebendige, bewegliche und formungsbereite Kraft, die sich durch das Aufgenommene leicht und freudig prägen und leiten läßt.»[12]

Vom Ethos der in der phänomenologischen Schule erlernten und eingeübten Sachlichkeit geleitet, fand sie selber in vorurteilsfreiem Suchen die Fülle der Wahrheit und gelangte so zu dem Gipfel der «heiligen Sachlichkeit» in der im Sakrament der Taufe geschehenen Wiedergeburt aus dem Hl. Geist. Konversion und Taufe fallen in das Jahr 1921 bzw. 1922. Über die Zeitspanne bis zu diesem Lebenseinschnitt sind noch einige Daten nachzutragen. Nach dem Staatsexamen (Deutsch, Geschichte) und dem Doktor-Examen in Philosophie[13] folgt Edith Stein als Assistentin ihrem nach Freiburg im Breisgau berufenen verehrten Meister. Es war ihr Wunsch und ihr Bemühen, ihm eine nützliche Hilfe zu sein. Wenn auch ihr Einsatz nicht ganz zu ihrer eigenen Befriedigung ausfiel, so blieb er dennoch nicht ganz vergebliche Liebesmühe. In den Wust tausender stenografierter Manuskript-Blätter hat ihre unermüdlich ordnende Hand eine gewisse Ordnung gebracht und so etwas Übersicht ermöglicht. Spätere Herausgeber von Husserl-Schriften aus dem Schülerkreis (z. B. M. Heidegger, L. Landgrebe, E. Fink) haben das anerkennend vermerkt. Was ihr indes nicht gelang, hat sie selber wiederholt mit Bedauern ausgesprochen: den Meister zur intensiven Lektüre und Überprüfung und zur Drucklegung früherer Ausarbeitungen zu bewegen. Bei der Sichtung des handschriftlichen Materials hat sie freilich sehr viel für ihre eigene philosophische Schulung und Weiterbildung gewonnen durch intensives Sich-Vertiefen in die oft sehr schwer verständlichen Gedankengänge Husserls. Letztlich jedoch befriedigte sie diese Arbeit nicht. Trotz aller Hochschätzung und ungeachtet der freundschaftlichen Verbundenheit ihrem Lehrer gegenüber gab sie im Jahr 1918 ihre Assistentenstelle auf.

Waren es nur die Schwierigkeiten und Enttäuschungen im Umgang mit ihrem Meister, welche ihren Schritt veranlaßten? Gewiß wollte sie, wie leicht verständlich, auch selbständig philosophisch arbeiten. Einige bedeutsame philosophische Abhandlungen, veröffentlicht im Jahrbuch für Philosophie und phänomenologische Forschung (von Husserl gegründet und geleitet), sind der wissenschaftliche Ertrag der folgenden Jahre.[14] Insgeheim ist die Suche nach Wahrheit der unaufhörlich antreibende Motor ihres Tuns und Lassens. Bei aller Liebe zur Sachlichkeit hat sie sich nie von der Sache versklaven lassen, und sie, die gerade für die Frau die Sachlichkeit einer strengen wissenschaftlichen Arbeit als heilsames Korrektiv ihrer natürlichen Veranlagung angesehen hat, hat für sich selbst die «persönliche Einstellung» als spezifisch frauliche Haltung nie verloren. So wundert es nicht, daß auf ihrem langen Weg der Wahrheitssuche ganz persönliche Begegnungen und Erfahrungen wichtig und bedeutsam, wenn nicht gar entscheidend werden. Sie selbst hebt in der Schilderung ihrer Kindheit und Jugend «Aus dem Leben einer jüdischen Familie» nachdrücklich hervor, wie sehr sich das Beispiel ihrer glaubens- und willensstarken Mutter, der überzeugten Jüdin, in ihre Seele eingeprägt hat; spätere Bezeugungen unterstreichen dies. Mit eindringlichen Worten schildert sie, wie sehr sie von Adolph Reinach, dem Christ gewordenen Mitarbeiter Husserls in Göttingen, gleich beim ersten Besuch unmittelbar nach ihrem Eintreffen in Göttingen, beeindruckt worden ist, und lebhaft berichtet sie von Max Scheler, den sie ebenfalls in Göttingen kennenlernte, der sie und viele aus ihrem Freundeskreis merkwürdig faszinierte und für das «Phänomen Religion» begeisterte. Eine ungewöhnlich nachhaltige Wirkung hatte eine Begegnung mit der befreundeten Frau Reinach nach dem Tod ihres in Flandern gefallenen Mannes. Elisabeth Kawa schildert das Ereignis und zitiert in ihrem Bericht Edith Stein selbst: «‹Es war dies meine erste Begegnung mit dem Kreuz und der Kraft, die es seinen Trägern mitteilt›, gestand Schwester Benedicta später kurz vor ihrem Tod einem Priester. ‹Ich sah zum ersten Male die aus dem Erlöserleiden Christi geborene Kirche in ihrem Siege über den Stachel des Todes handgreiflich vor mir. Es war der Augenblick, in dem mein Unglaube zusammenbrach, das Judentum verblaßte und das Christentum aufstrahlte: Christus im Geheimnis des Kreuzes. Darum konnte ich auch bei meiner Einkleidung keinen anderen Wunsch äußern, als im Orden ,vom Kreuz' genannt zu werden.›»[15] Damit bezeugt Edith selbst, wie sehr dieses Ereignis nachgewirkt und wie entscheidend es sie auf dem Weg zum Glauben beeinflußt hat.

Aber sie ließ sich nicht von Gefühlen und persönlichen Eindrücken überrennen. Bereits in jenen Jahren war sie zu einer «starken Frau» herangereift. Ihren «wissenschaftlichen Standpunkt», wenngleich von vielen rationalistischen Vorurteilen gestützt, mochte sie so leicht nicht aufgeben; zu sehr vermeinte sie, der strengsten Sachlichkeit Tribut zahlen zu müssen. Dennoch mag es vordergründig so scheinen, als finde sie dann doch plötzlich zum christlichen Glauben, als sie nämlich die Selbstbiografie der großen Teresa von Avila liest (s. weiter unten!). Indes entspräche das ganz und gar nicht dem Charakter dieser sehr bewußt lebenden Frau. Zwar weiß sie und schreibt es bereits in ihrer Dissertation, daß es Menschen gegeben hat, «die in einem plötzlichen Wandel ihrer Person das Einwirken göttlicher Gnade zu erfahren meinten».[16] Aber sie behauptet und verteidigt gleichsam vor sich selbst ihre «wissenschaftliche Weltanschauung», auf die sie nicht wenig stolz ist. Doch unterirdisch ist etwas in Bewegung geraten.

Von ihr selbst wissen wir bereits, daß sie die Frage des Glaubens als Lebensproblem von existentieller Bedeutsamkeit erkannt hat. Es liefe ihrer Veranlagung und Schulung zuwider, wenn sie nicht alles einer gewissenhaften Prüfung unterzogen hätte. So überrascht es denn nicht, daß die Jahre dahingehen, ohne daß nach außen hin ein grundsätzlicher Sinneswandel in Erscheinung träte. Aber nachdem sie einmal des «religiösen Phänomens» oder genauer des «Phänomens des Christlichen» ansichtig geworden ist, kann sie als gute Phänomenologin nicht anders, als sich ihm «sachgehorsam» zuzuwenden. Für eine Weile gelingt es ihr, die volle Glaubenszustimmung zu suspendieren; in den Tiefen der Seele, im Unbewußten, ist dennoch der liebevoll werbende und rufende Gott unaufhörlich am Werk. Sie beginnt, das Neue Testament zu lesen (die Jüdin!). Sie liest die Schriften Sören Kierkegaards. Ihre jüdische Freundin Frau Prof. Koeber, die in der

Zeit von 1918 bis zur Übersiedlung nach Speyer (während dieses Zeitabschnitts weilt Edith mehrmals für recht lange Perioden im Elternhaus zu Breslau) ihr besonders nahe stand, berichtet ferner, daß sie das «Gebetbuch der Priester» intensiv benutzte[17] – womit wahrscheinlich das Brevier gemeint ist. Aus derselben Quelle wissen wir, daß sie sich fragt, ob die evangelische oder die katholische Kirche das Ziel ihres Suchens sein könne. Ihre Überlegung und ihre Überzeugung sei die, daß die ewige Wahrheit der Kirche leuchte, nicht der Universität; aber sie könne wohl nie evangelisch werden, wenn man ihr auch diesen Übertritt eher «verzeihen» werde.

So geschieht es denn, daß die unermüdlich nach Wahrheit Suchende in vielem, was sie bislang als rein «zufällig» angesehen hat, allmählich innere Zusammenhänge erahnt und die Fügungen einer insgeheim führenden und lenkenden Macht wahrnimmt. Dabei ist gewiß auch die Tatsache nicht zu übersehen, daß sie ihre Assistentenstelle bei Husserl aufgegeben hat und in den folgenden Jahren ohne feste äußere Verpflichtung lebt. Endlich ist der verlorene Krieg vorbei, der die besiegten wie die siegreichen Völker und die einzelnen Menschen in einer völlig desorientierten Katastrophenstimmung hinterläßt. Edith Stein, eine glühende Patriotin, die sich kurz nach Ausbruch des Krieges freiwillig für den Sanitätsdienst gemeldet hatte und dann auch tatsächlich für einige Monate in Mähren in einem österreichischen Seuchenlazarett arbeitete, bleibt nicht unberührt von der düsteren Nachkriegsstimmung, leidet vielmehr mit ihren Zeitgenossen an der Orientierungs- und Hoffnungslosigkeit jener düsteren Jahre. Viele Menschen sind auf der Suche, so wie sie. Was suchen sie? Viele wissen es selber nicht. Weiß sie es?

Es ist Edith Steins wiederholt ausgesprochene Überzeugung, daß es letztlich der «Persönlichkeitskern» (besser: der innerste, «personale Kern» – «Person-kern», d. h. nach Edith Stein der sich selbst besitzende und in Freiheit über sich selbst verfügende und frei sich hingebende Wille!) ist, der sich dem Wirksam-werden des Glaubens verschließt und sich weigert, sich auf den Boden des Glaubens zu stellen. Von eben diesem Personkern schreibt die seit langem mit dem Person-Problem befaßte Philosophin, der bereits persönliche Erfahrung des Gnadenwirkens nicht mehr fremd ist, die psychologisch wiederum genau treffenden Sätze:

«Diese innere Sphäre, als allen Einflüssen entzogen, ist nicht nur den äußeren Wirkungen, sondern auch der Selbsterziehung unzugänglich ... Wenn in dieser Sphäre ein Wandel eintritt, so ist er nicht das Ergebnis einer ‹Entwicklung›, sondern als Verwandlung durch eine ‹jenseitige› Macht anzusehen, d. h. eine außerhalb der Person und aller natürlichen Zusammenhänge, in die sie verflochten ist, gelegene.»[18]

Geflissentlich wird hier das Wort «Gnade» vermieden, und zwar zu Recht; nicht nur Gnade im eigentlichen Sinn wirkt in solcher Weise, wohl aber ist «Gnade» in solcher Weise wirksam, wie es beschrieben ist. Und auf eben solche Weise wirkt denn auch die Gnade bzw. Gott als der Liebende im Leben Edith Steins. «Plötzlich», wie «von außen hereinbrechend» überkommt es zu guter Letzt auch sie. Ein unvorhersehbarer Einbruch geschieht. Schon lange kennt sie das gläubige evangelische Ehepaar Conrad-Martius, das gleichfalls zum Phänomenologenkreis von Göttingen gehörte. Das Freundespaar besitzt in Bergzabern ein ansehnliches Obstgut und lädt oft und gern dorthin Freunde und Bekannte ein, so auch Edith Stein. Der Zufall will es: eines Tages muß das Ehepaar verreisen, Edith bleibt allein im Haus und greift aus der ihr zur Verfügung gestellten Bibliothek «wie zufällig» ein Buch heraus, beginnt zu lesen und liest es

– die ganze Nacht hindurch – bis zu Ende. Die Leserin erzählt: «Ich griff hinein aufs Geratewohl und holte ein umfangreiches Buch hervor. Es trug den Titel ‹Leben der heiligen Theresia von Avila›, von ihr selbst geschrieben. Ich begann zu lesen, war sofort gefangen und hörte nicht mehr auf bis zum Ende. Als ich das Buch schloß, sagte ich mir: ‹das ist die Wahrheit!›.»[19]

Zum äußeren Ablauf der Ereignisse bleibt zu ergänzen, was Teresia Renata de Spiritu Sancto berichtet: «Der Tag graute. Edith bemerkte es kaum. Gott hatte sie ergriffen, und sie ließ nicht mehr von ihm. Am Morgen ging sie in die Stadt, zwei Dinge einzukaufen: einen katholischen Katechismus und ein Meßbuch. Darin studierte sie solange, bis sie sich den Inhalt zu eigen gemacht hatte. Dann betrat sie zum erstenmal ein katholisches Gotteshaus, die Pfarrkirche Bergzaberns, um die heilige Messe zu schauen. ‹Nichts blieb mir fremd›, erzählte Edith später. ‹Dank der vorhergehenden Studien verstand ich auch die kleinste Zeremonie. Ein ehrwürdiger Priestergreis trat zum Altar und feierte das heilige Opfer mit inniger Würde. Nach der hl. Messe wartete ich, bis der Priester seine Danksagung vollendet hatte. Ich folgte ihm ins Pfarrhaus und bat ihn kurzerhand um die hl. Taufe. Mit verwundertem Blick antwortete er, daß der Aufnahme in die hl. Kirche eine Vorbereitung vorangehen müsse. ‚Wie lange haben Sie schon Unterricht, und wer erteilt denselben?‘ Als Antwort konnte ich nur erwidern: ‚Bitte, Hochwürden, prüfen Sie mich.‘›»[20]

Am 1. Januar 1922 wurde Edith in Bergzabern getauft, nachdem sie die ganze Nacht betend durchwacht hatte. Hedwig Martius, die evangelische Christin, war mit bischöflicher Erlaubnis ihre Taufpatin.

«Das ist die Wahrheit!» – so der beglückte Ausruf Ediths nach der nächtlichen Lektüre des Lebens der hl. Teresa. Das ist die Wahrheit, die sie in der Schule und an der Universität in schmerzvollen Jahren gesucht hat. Im Rückblick auf ihr Leben hat sie ihr «Suchen nach Wahrheit als ein einziges Gebet» bezeichnet. Nun endlich hat sie die Wahrheit gefunden und erkannt: «Gott ist die Wahrheit. Wer die Wahrheit sucht, der sucht Gott, ob es ihm klar ist oder nicht.»[21] Im Licht solcher Einsicht versteht sie dann auch rückblickend ihren unbändigen Wissenshunger und ihr vieljähriges wissenschaftliches Engagement als Weg zu Gott und Einsatz im Dienst Gottes.

Die Wahrheitssucherin ist also am Ziel: sie hat gefunden; sie ruht in Gott, im Besitz der Wahrheit. Aber ihr Leben ist noch nicht vollendet. Voll tiefen, hintergründigen Sinnes schreibt die Biografin H. Graef: «Dann wurde der Neujahrstag 1922 als Tauftag festgesetzt. Das Fest der Beschneidung, des ersten Vergießens des kostbaren Blutes, an dem der Herr die große Erfüllung des Gesetzes begann, die am Kreuz enden sollte, war voller Bedeutsamkeit für die neue Christin, die nun auch mit der Taufe des Christus-Messias das Gesetz ihres Volkes zu erfüllen anfing.»[22]

Die Jahre zwischen Konversion und Eintritt in den Karmel sind nach außen vornehmlich bestimmt durch Lehrtätigkeit am Institut für Lehrerinnenausbildung und am Mädchenlyzeum der Dominikanerinnen in Speyer (1923–1931). Gegen Ende der zwanziger bis hinein in die ersten dreißiger Jahre kommt hinzu eine umfangreiche Vortragstätigkeit in Deutschland und über die Landesgrenzen hinaus. 1932 erhält sie einen Ruf als Dozentin am Deutschen Institut für wissenschaftliche Pädagogik in Münster. Schon im Frühjahr 1933 endet diese Tätigkeit aufgrund der judenfeindlichen Maßnahmen des Nazi-Regimes. Sowohl in den öffentlichen Vorträgen wie in ihrer Dozententätigkeit bilden Fragen der Erziehung, speziell der Mädchenerziehung und Frauenbildung sowie Überlegungen zur Aufgabe und gesellschaftlichen Rolle der Frau das Hauptthema all ihrer geistigen Bemühungen.[23]

Auf diese Zeit zurückblickend, schreibt Edith Stein: «In der Zeit unmittelbar vor und noch eine ganze Weile nach meiner Konversion habe ich gemeint, ein religiöses Leben führen heiße, alles Irdische aufgeben und nur im Gedanken an göttliche Dinge leben. Allmählich habe ich einsehen gelernt, daß in dieser Welt anderes von uns verlangt wird und daß selbst im beschaulichen Leben die Verbindung mit der Welt nicht durchschnitten werden darf. Daß es auch möglich sei, Wissenschaft als Gottesdienst zu betreiben, ist mir so recht am hl. Thomas aufgegangen, und nur daraufhin habe ich mich entschließen können, wieder ernstlich an wissenschaftliche Arbeit heranzugehen. Ich glaube sogar: je tiefer jemand in Gott hineingezogen wird, desto mehr muß er auch in diesem Sinne aus sich herausgehen, d. h. in die Welt hinein, um das göttliche Leben in sie hineinzutragen.»[24]

Diese Überlegungen gewinnen Relief, wenn man sich vergegenwärtigt, daß Edith Stein tief überzeugt war, mit der Gnade des Glaubens zugleich auch die Gnade der Berufung zum Ordensleben empfangen zu haben, und zwar ganz konkret zum Leben im Karmel. In dem 1938 für die Priorin verfaßten Bericht «Wie ich in den Kölner Karmel kam» erzählt sie von einer Reise nach Beuron, als ihr klar wurde, daß sie ihre Dozententätigkeit in Münster werde aufgeben müssen: «Etwa 10 Tage nach meiner Rückkehr aus Beuron kam mir der Gedanke: sollte es nicht jetzt endlich Zeit sein, in den Karmel zu gehen? Seit fast 12 Jahren war der Karmel mein Ziel. Seit mir im Sommer 1921 das ‹Leben› unserer heiligen Mutter Teresia in die Hände gefallen war und meinem langen Suchen nach dem wahren Glauben ein Ende gemacht hatte. Als ich am Neujahrstag 1922 die hl. Taufe empfing, dachte ich, daß dies nur die Vorbereitung zum Eintritt in den Orden sei. Aber als ich einige Monate später nach meiner Taufe zum erstenmal meiner lieben Mutter gegenüberstand, wurde mir klar, daß sie dem zweiten Schlag vorläufig nicht gewachsen sei. Sie würde nicht daran sterben, aber es würde sie mit einer Verbitterung erfüllen, die ich nicht verantworten könnte. Ich mußte in Geduld warten. So wurde mir auch von meinen geistlichen Beratern immer wieder versichert. Das Warten war mir zuletzt sehr hart geworden. Ehe ich die Tätigkeit in Münster übernahm und nach dem ersten Semester hatte ich dringend um die Erlaubnis, in den Orden eintreten zu dürfen, gebeten. Sie wurde mir verweigert mit dem Hinweis auf meine Mutter und auch auf die Wirksamkeit, die ich seit einigen Jahren im katholischen Leben hatte. Ich hatte mich gefügt. Aber nun waren ja die hemmenden Mauern eingestürzt. Meine Wirksamkeit war zu Ende. Und würde mich meine Mutter nicht lieber in einem Kloster in Deutschland wissen als an einer Schule in Südamerika? Am 30. April – es war der Sonntag vom Guten Hirten – wurde in der Ludgerikirche das Fest des hl. Ludgerus mit 13stündigem Gebet gefeiert. Am späten Nachmittag ging ich dorthin und sagte mir: ich gehe nicht wieder fort, ehe ich Klarheit habe, ob ich jetzt in den Karmel gehen darf. Als der Schlußsegen gegeben war, hatte ich das Jawort des Guten Hirten.»[25]

Wen kann es angesichts solcher Mitteilungen noch wundern, daß Edith Stein vom Tag der Taufe an täglich das Brevier, das «Gebetbuch der Priester», betete, daß sie täglich die hl. Messe mitfeierte, daß sie wenige Jahre später privat die drei üblichen Gelübde ablegte, daß sie gegen Ende der zwanziger Jahre alljährlich zur Mitfeier der Kar- und Osterliturgie nach Beuron fuhr und dort zugleich private Exerzitien machte, daß sie oft stundenlang unbewegt vor dem

Allerheiligsten Anbetung hielt und ganze Nächte, allein in der Kirche eingeschlossen, im Gebet vor Gott verbrachte? So kann sie von sich bekennen, sie habe seit ihrer Konversion wie eine Klosterfrau in der Welt gelebt.

Zu Recht wird sie eine große Beterin genannt. Ganz besonders ins Gewicht fällt das Urteil der Mutter: «Solch ein Beten wie bei Edith habe ich noch nicht gesehen.»[26] Ihr Gebetseifer fiel bereits auf, als sie noch «in der Welt» lebte, als berufstätige Frau im Schuldienst. Doch auch im Karmel, schon als Novizin, zeigte sie einen auch für Klosterleute ungewöhnlichen Gebetseifer. Eine Mitnovizin äußert sich über Sr. Benedicta: «Besonders auffällig war ihr Gebetseifer. Der Gottesdienst hielt sie ganz und gar gefangen. Der Höhepunkt war ihr die heilige Messe, die sie wie ihr eigenes Opfer mitfeierte. Großen Eifer zeigte sie für das Choroffizium, und sie verweilte oft stundenlang, wenn es ihr an Sonn- und Feiertagen erlaubt war, in stillem Gebet vor dem Tabernakel. Während dieser Zwiesprache mit Gott schien ihr Raum und Zeit zu entschwinden.»[27]

Über viele Jahre hin hat Edith Stein ihre Aufmerksamkeit intensiv der Klärung und Vertiefung des Personbegriffs zugewendet. Bei allem scheinbaren Selbstverlorensein, so verdichtet sich ihre Überzeugung, ist das betende, ja wortlose Ruhen in Gott tiefster und vollster Selbstbesitz der Person. Selbstbesitz ist wesentliches Moment des Personseins. Personsein als Selbstbesitz ermöglicht Freiheit als Über-sich-selbst-verfügen-Können, nicht um sich in einer in sich selbst isolierenden Abkapselung und Vereinsamung in sich selbst zu verschließen und zu behaupten, sondern um sich in frei hingebender Liebe zu verschenken. Nur wer sich selbst besitzt, kann sich in Freiheit verschenken.

Diese philosophisch-spekulative Überlegung führt

nicht von der Person Edith Steins und ihrer konkreten Lebensgeschichte weg. Vielmehr charakterisiert sie trefflich, wie Edith betend vor Gott steht und sich *so* liebend ihm zuwendet als in freier Demut Empfangende. Gestützt auf einen schon vor ihrer Konversion niedergeschriebenen Text autobiografischen Charakters, der in einem völlig neutralen wissenschaftlichen Kontext begegnet[28], läßt sich feststellen, daß die Verfasserin schon sehr früh tiefgehende Gottes*erfahrungen* gemacht hat. Unabhängig von dem erwähnten Text ist aus vielen Äußerungen und Verhaltensweisen zu entnehmen, daß ihr ganzes Leben hindurch ihr dieses restlos sich auf Gott verlassende, ihm vertrauende Ruhen und Geborgensein eigen war. Erzabt Raphael Walzer OSB von Beuron, ihr langjähriger Seelenführer, bestätigt dies ausdrücklich im Urteil über ihr Gebetsleben. Unter anderem ist folgende Aussage zu nennen: «Auch war ihr Innenleben so schlicht und problemlos, daß mir aus allen Zwiegesprächen nur das Bild einer ganz abgeklärten, reifen Seele in Erinnerung geblieben ist: ‹*fuit et quietus*›. Auch bei ihr stand die Ruhe und Ausgeglichenheit, so wie es der Hymnus der Bekenner im monastischen Brevier besingt, an letzter und höchster Stelle.[29]

Mühelos ließen sich sehr viele weitere Zeugnisse, Beobachtungen, Urteile und Auskünfte über die Beterin Edith Stein anführen. Unstreitig haben die Menschen ihrer Umgebung richtig erkannt, daß sie eine ganz große, besonders begnadete Beterin war. Es sei erinnert an das Urteil der Mutter, und es sei erinnert an die Äußerungen jener, die staunend oder kritisch ihre Haltung und Ausdauer beim Gebet beobachteten, die einen in Bewunderung angezogen, die anderen eher befremdet und abgestoßen von der in der Starrheit der äußeren Haltung sich kundtuenden Konzentration. Mag noch ein einziges schriftliches Zeugnis zu Wort kommen: das der Mutter Petra Brüning OSU aus

Dorsten, einer engen Freundin Ediths, in einem Bericht über die Weihnachtsfeier 1932: «Am Hl. Abend sangen wir die Matutin, an der sie teilnahm. Dann gingen wir einige Stunden zur Ruhe bis zur Mitternacht. Als ich in die Kirche kam, kniete sie noch unbeweglich an derselben Stelle wie am Abend und feierte dann das Amt und die Laudes mit uns. Als ich sie hernach fragte, ob sie denn nicht ermüdet sei, gab sie mit leuchtenden Augen zur Anwort: ‹Wie könnte diese Nacht ermüden!›»[30]

Oft als Seelenführerin um geistlichen Rat angegangen, antwortet sie stets kurz und präzise. In den noch unveröffentlichten Schriften lesen wir: «Laß Dir ruhig soviel Zeit in der Kirche, wie Du nötig hast, um Ruhe und Frieden zu finden. Das kommt dann nicht nur Dir zugute, sondern auch der Arbeit und allen Menschen, mit denen Du zu tun hast.» Ihr Rat für das tägliche Gebet lautet: «Das Gegebene scheinen mir die Morgenstunden, ehe die Tagesarbeit beginnt.»[31] So hält sie es auch selbst: «Meine erste Morgenstunde gehört dem Herrn. Das Tagewerk, das er mir aufträgt, das will ich in Angriff nehmen, und er wird mir die Kraft geben, es zu vollbringen.» So nämlich sagt ihr die eigene Erfahrung: «Wenn ich nach der Morgenfeier am Altare Gottes in meinen Arbeitstag eintrete, wird es still in mir, und leer wird die Seele von dem, was sie bestürmen und belasten wollte, aber erfüllt von heiliger Freude, von Mut und Tatkraft. Groß und weit ist sie geworden, weil sie aus sich herausgegangen und in das göttliche Leben eingegangen ist.»[32] In diesen Äußerungen wird deutlich, daß sie sich nicht etwa aus den Verpflichtungen des Alltags zurückzieht und vor den Anforderungen der Arbeitswelt ins Gebet flüchtet wie auf eine Insel der Seligen, sondern daß ihr an jedem Tag neu die Feier der Eucharistie und das absichtslose Gebet Kraftquelle für den folgenden Tag und seine Belastungen ist. Dies ist die Weise, wie die im benediktinischen Geist lebende Frau das «ora et labora» zur gelebten Einheit zu fügen versteht.

Seit ihrer Konversion betete Edith Stein täglich das monastische Brevier. Es ist nahezu unvermeidlich, daß ein Mensch, der über viele Jahre hin die Gebets-schule des Breviers und der eucharistischen Liturgie besucht und auf diese Weise täglich intensiv das Gebet der Kirche mitbetet, all sein Beten als Gebet der Kirche versteht. Ausdrücklich schreibt sie: «Jedes echte Gebet ist Gebet der Kirche: durch jedes echte Gebet geschieht etwas in der Kirche, und es ist die Kirche selbst, die darin betet, denn es ist der in ihr lebendige Heilige Geist, der in jedem einzelnen Menschen für uns bittet, mit unaussprechlichen Seufzern.»[33] In der-selben Kleinschrift heißt es: «Das Gebet der Kirche ist das Gebet des fortlebenden Christus. Es hat sein Urbild im Gebet Christi während seines menschlichen Lebens.» Für den einzelnen Christen gilt das, «weil die betende Kirche Christus selber ist (und) jeder einzelne Beter ein Glied seines mystischen Leibes.»[34] Diese Einstellung macht verständlich, daß Edith jede Gelegenheit wahrnahm, um – etwa in den Schulferien – in Beuron oder von Münster aus bei den Ursulinen in Dorsten die «große Liturgie» mitzufeiern, beson-ders in der Karwoche und an den Ostertagen. Was sie als einzelne, allein vor dem Tabernakel kniende Be-terin tut, nennt sie die «stumme Liturgie»: «Hier ist die stumme Liturgie mein Anteil. Man kann auch so reichlich bekommen, was einem nottut. Aber wenn ich dann mal wieder in der Fülle leben kann, dann merke ich erst, wie ich danach gedürstet habe. Ich wußte, als ich beschloß, von Speyer fortzugehen, daß es sehr schwer sein würde, nicht im Kloster zu leben. Aber daß es so schwer sein würde, wie es die ersten Monate war, habe ich mir doch nicht vorstellen kön-nen.»[35]

Die bewußte Pflege des eucharistischen Gebetes ist

sicherlich ein besonderes Charakteristikum im Fröm-
migkeitsleben Edith Steins. In erstaunlicher Weise
wird nun aber bei ihr dieser eucharistische Zug des
Betens bereichert, vertieft, ja umgeprägt durch die
Dreingabe ihres jüdischen Erbes ins christliche Beten.
Sie ist zutiefst überzeugt, daß schon im Alten Bund ein
Verständnis für den eucharistischen Charakter des
Gebetes erschlossen war, wie sie ausdrücklich sagt in
einem Text, der die weltumspannende Weite ihrer
theologischen Sicht und ihres im Beten geläuterten
gläubig-liebenden Blickes ausdrückt.[36]
Weder vor noch nach dem Eintritt in den Orden hat
sie die vielen langen Stunden eucharistischen Betens
und des Verweilens vor dem Tabernakel als fromme
Schäferstündchen verstanden. Wer täglich Eucharistie
feiert, kommuniziert, mit dem Heiland im Tabernakel
spricht, der muß daraus handfeste Folgerungen für
den Alltag ziehen: «Wer könnte mit empfänglichem
Geist und Herzen dem heiligen Opfer beiwohnen,
ohne selbst von der Opfergesinnung erfaßt zu werden,
ohne von dem Verlangen ergriffen zu werden, daß er
selbst und sein kleines persönliches Leben aufgehe im
großen Werk des Erlösers.»[37] Das gesamte Berufs-
und Menschenleben muß von daher Prägung und
Nahrung empfangen.[38] Im übrigen ist für die nüchter-
ne und sachliche Einstellung Edith Steins die eucharistische Frömmigkeit gar nicht gebunden an die räum-
liche Nähe des Tabernakels. Aber da nun einmal die
Kirche die Eucharistie hat, gilt für sie: «Dogmatisch
scheint mir die Sache ganz klar: der Herr ist im Tabernakel gegenwärtig mit Gottheit und Menschheit. Er
ist das nicht Seinetwegen, sondern unseretwegen: weil
es Seine Freude ist, bei den Menschenkindern zu sein.
Und weil er weiß, daß wir, wie wir nun einmal sind,
Seine persönliche Nähe brauchen. Die Konsequenz ist
für jeden natürlich Denkenden und Fühlenden, daß er
sich hingezogen fühlt und dort ist, sooft und solange

er darf. Ebenso klar ist die Praxis der Kirche, die das Ewige Gebet eingeführt hat.»[39]

Im Geist echt karmelitanischer Spiritualität hat sie allzeit das Gebet als Apostolat aufgefaßt und alles Leiden und Opfern als stellvertretendes Sühneleiden verstanden. Bei aller Kindlichkeit, die sie in den ersten Jahren des Karmellebens an den Tag legt, ist sie der ernste, verantwortungsbewußte Mensch geblieben, zu dem sie vor dem Eintritt herangereift war. Sie weiß: «In via sind auch wir. Denn der Berg Karmel ist ein hoher Berg, den man von unten an heraufsteigen muß. Und Sie dürfen mir glauben, daß ich in den Gebetsstunden immer besonders derer gedenke, die gern an meiner Stelle wären. Und helfen Sie mir, daß ich würdig werde, im innersten Heiligtum der Kirche zu leben und für die einzustehen, die draußen wirken müssen.»[40] In einem Brief an eine frühere Schülerin schreibt sie:

«Vor allem möchte ich Deine Frage beantworten. Es gibt eine Berufung zum Leiden mit Christus und dadurch zum Mitwirken mit Seinem Erlösungswirken. Wenn wir mit dem Herrn verbunden sind, so sind wir Glieder am mystischen Leib Christi; Christus lebt in Seinen Gliedern fort; und das in Vereinigung mit dem Herrn ertragene Leiden ist Sein Leiden, eingestellt in das große Erlösungswerk und darin fruchtbar. Es ist ein Grundgedanke alles Ordenslebens, durch freiwilliges und freudiges Leiden für die Sünder einzutreten und an der Erlösung der Menschheit mitzuarbeiten.»[41] Schon sehr früh hat ihre Sympathie der alttestamentlichen Esther gegolten, die stellvertretend für ihr Volk sterben sollte. Dieser Hinweis freilich stellt einen Vorgriff dar auf Überlegungen und Entwicklungen, die später noch ausführlich darzustellen sind.

Echt karmelitanisch hat Edith Stein niemals die Verpflichtung zur Nächstenliebe übersehen. Ist ja doch nur in der Beobachtung der beiden Gebote: der Gottes- und der Nächstenliebe die Erfüllung des Gesetzes gewährleistet. Einige wenige Hinweise sollen stellvertretend für viele weitere ausdrückliche Zeugnisse stehen. Lapidar formuliert sie selbst: «Ich bin überzeugt, daß Gott niemand für sich allein beruft.»[42] Nicht minder entschieden: «Wer in den Karmel geht, ist für die Seinen nicht verloren, sondern erst recht eigentlich gewonnen; denn es ist ja unser Beruf, für alle vor Gott zu stehen.»[43] Oder in einem Brief an Gertrud von Le Fort: «Wenn ich in dem tiefen Frieden sein werde – es liegt jetzt noch ein Abgrund davor –, dann weiß ich wohl, daß ich ein heiliges Amt für die habe, die draußen sein müssen.»[44] Ganz kategorisch und grundsätzlich erklärt sie: «Was den Verkehr mit den Menschen betrifft: die seelische Not des Nächsten durchbricht *jedes* Gebot. Was wir sonst tun, ist Mittel zum Zweck. Aber die Liebe ist der Zweck selbst, weil Gott die Liebe ist.»[45] Wer zum Karmel berufen ist, ist gerufen in ein Amt, nämlich das der stellvertretenden Hingabe und Sühne und des fürbittenden Gebetes für die anderen, letztlich für die ganze Kirche. Sehr oft hat Sr. Benedicta diesen Gedanken zumal in ihren Briefen aus dem Karmel ausgesprochen.[46] So verstehen sich übrigens alle sogenannten «beschaulichen» Orden: sie sind in eminentem Maß vom Geist des Apostolates inspiriert. Aber nicht erst unter dem Anhauch des karmelitischen Geistes hat Edith Stein Auge und Herz für den Nächsten geöffnet. Gewiß ist ein wenig frauliche Übertreibung im Spiel, wenn sie ein «Genie der Freundschaft» genannt wird[47], aber eine gute, treue, zuverlässige und hilfsbereite Freundin war sie in der Tat allezeit. Ihre eigene Aussage hat Gewicht: «… diese stete Verbundenheit mit allen, die das Leben mit mir zusammengeführt hat, ganz unabhängig von allem aktuellen Verkehr, macht einen wesentlichen Bestandteil meines Lebens aus.»[48] Ihr umfangreicher Briefverkehr (leider ist ein beträchtlicher Teil ihrer Briefe während der Nazi-Zeit vernichtet worden) ist eine überzeugende Bestätigung für ihre Selbsteinschätzung.

Ihr Herz und ihre wache Hilfsbereitschaft galt nicht nur den Mitschülerinnen, Kommilitonen, Freunden und später ihren Konnovizinnen und Mitschwestern. Eigenhändig bereitete sie vor Weihnachten während ihrer Tätigkeit in Speyer und in Münster alljährlich Dutzende von Päckchen und trug sie persönlich zu Armen und Bedürftigen.[49] Notleidenden gab sie Wäsche und Bekleidung. Während des Krieges war sie mehrere Monate als freiwillige Krankenpflegerin in einem österreichischen Seuchenlazarett tätig. Vieles ließe sich zusätzlich aufzählen, doch würde eine Häufung von weiteren Urteilen und Zeugnissen das Gesamtbild ihrer Persönlichkeit nicht ändern können.

Die jüdische Konvertitin – ausgelöscht im «Holocaust»

Edith Stein ist Jüdin. Sie ist geprägt durch ihre jüdische Abstammung und die Erziehung im jüdischen Glauben, den sie durch Wort und Beispiel der tiefgläubigen Mutter kennengelernt und erfahren hat. Mit der Konversion zum christlichen Glauben werden die Keime und Wurzeln des jüdischen Glaubens, die in früher Jugend in ihr empfängliches Herz gesenkt wurden, keineswegs ausgerissen und verworfen, sondern sie empfangen neue Lebensimpulse. Nunmehr wacht vieles aus der Zeit ihres jüdischen Kinderglaubens wieder auf und geht eine enge Symbiose ein mit dem neu-gewonnenen Glauben an Christus. Die Anverwandlung gelingt am leichtesten über das Gebet.

Allzu gut kannte Edith die Mutter, um nicht Schlimmes befürchten zu müssen, wenn diese von ihrem Glaubenswechsel erführe. So entschloß sie sich denn, persönlich vor sie hinzutreten und ihr mündlich ihren

Übertritt mitzuteilen. Die Reaktion der Mutter ist dennoch auch für Edith überraschend. Die Priorin Teresia Renata berichtet: «Vor der Mutter kniend – Aug in Auge tauchend, kam es sanft und fest von ihren Lippen: ‹Mutter, ich bin katholisch.› Und die Frau, die mit biblischem Heldenmut ihr schweres Schicksal gemeistert und sich mit ihren sieben Kindern auf die Höhe des Lebens emporgearbeitet hatte, sie spürte ihre Kraft entschwinden: sie weinte. Das hatte Edith nicht erwartet. Nie sah sie ihre Mutter in Tränen. Auf Schimpf und Schande war sie gefaßt, sie hatte sogar mit einer möglichen Verstoßung aus der Familie gerechnet; kannte sie doch den heiligen Zorn ihrer eifernden Mutter. Und diese starke Frau weinte! Auch Ediths Tränen strömten. Diese beiden großen Seelen, die sich blutinnigst verbunden wußten, und doch in diesem Augenblick erkannten, daß ihre Wege unwiderruflich, unvereinbar auseinanderliefen, erhoben sich in der Kraft ihres Glaubens, um das von unwandelbaren Gesetzen des Höchsten geforderte Opfer, jede nach ihrer Weise, auf dem Altare ihres Herzens Gott darzubringen.»[50]

Im Bericht der Priorin heißt es weiter: «Ein halbes Jahr hielt sie sich aus diesem Grunde in Breslau auf. Wie bisher begleitete sie ihre Mutter zur Synagoge. Sie hielt sogar am großen Versöhnungstag (NB: ihrem Geburtstag!), den die Greisin immer noch, ihrer Gewohnheit gemäß, ohne einen Bissen oder Schluck zu genießen, in der Synagoge zubrachte, mit ihr dieses strenge Fasten. Staunend beobachtete die Mutter ihre, wie sie meinte, entartete Tochter. Bei einer vertrauten Freundin äußerte sie: ‹Solch ein Beten, wie bei Edith, habe ich noch nicht gesehen, und das Merkwürdigste, sie konnte aus ihrem Buche mitbeten und fand alles.› Edith hatte nämlich ihr Brevier bei sich und betete daraus die Psalmen mit. Wurden dann vom Rabbiner mit eindringlicher Betonung die Worte gelesen: ‹Höre

Israel, dein Gott ist ein *Einziger*›, dann umfaßte die gequälte Mutter das geliebte Kind und flüsterte: ‹Hörst du es? Dein Gott ist nur ein Einziger!›»[51]

Je mehr nun ihr Leben fortschreitet und auf sein Ende und seine Vollendung zugeht, gewinnt ihre jüdische Abstammung eine immer größere Bedeutung für ihren Lebensvollzug. Eine überwältigende Fülle von Zeugnissen liegt vor, die ein ganz besonders enges Verhältnis zum Judentum bestätigen, das sich im Fortgang der Lebensjahre und im sich stetig vertiefenden religiösen Leben Ediths in eine erschütternde, bewußt erstrebte und gelebte Schicksalsgemeinschaft mit ihrem Volk vertiefte und zuletzt im freiwillig übernommenen Sühnetod für *ihr* Volk Israel bewundernswert vollendete. Daß für sie die Konkretisierung des nach ihrer eigenen, oben bezeugten Auffassung für jedes Ordensleben gültigen Opfergedankens als stellvertretendes Leiden und Sühnen für andere – daß für sie die Konkretisierung die ganz persönliche Form des holocaustum für ihr Volk annahm, ist nur möglich auf dem Untergrund ihres völlig ungestörten Verhältnisses zu ihrem jüdischen Volk. Ja, nur eine Christin von jüdischer Herkunft kann in dieser konkreten Form, wie sie es sah und vollzog, sich als Sühneopfer für das jüdische Volk verstehen. Nur in Christus und im Glauben an sein erlösendes-stellvertretendes Leiden und Sterben ist ihr eigenes stellvertretendes holocaustum möglich für alle diejenigen, die wie Christus selbst ihr blutsverwandt sind.

Die Lebenserinnerungen an ihre Kindheit sind zugleich ein hohes Lied auf ihre Mutter. Sie hat sie geliebt, sie hat erfurchtsvoll zu ihr aufgeblickt, sie hat sich an ihrer menschlichen Größe und an der Stärke ihres Glaubens im wahrsten Sinn des Wortes «erbaut», auch dann noch, als sie selbst nicht mehr zu glauben vermochte: «In den Ferien freilich begleitete sie die teure Mutter, so oft diese es wünschte, zur

Synagoge. Aber dort erbaute sie sich mehr an der Andacht ihrer ganz in Gott versunkenen Mutter als an der gottesdienstlichen Feier.»[52]

Die Mutter ist ihre engste Blutsverwandte. Die Mutter ist für sie die Personifikation des Judentums. Dies gilt vor wie nach der Konversion. Das Schlimmste, das sie sich vorstellen könnte, wäre ein Bruch, eine endgültige Trennung von der Mutter. Aber sowohl die blutsmäßige Bindung an das Judentum wie die durch die Taufe vollzogene Trennung war für sie niemals nur eine bloße Familienangelegenheit, sondern für Edith stand immer das Verhältnis zum Judentum überhaupt zur Debatte, und zwar der wesentliche und alles entscheidende Differenzpunkt zwischen Judentum und Christentum: die Messiasfrage bzw. die Frage nach der Gottessohnschaft des Jesus von Nazaret. Wie hätte es anders sein können? Aber im Verhältnis zur eigenen Familie und da ganz besonders zur Mutter erfährt Ediths Stellung zum Judentum, ihrer angestammten religiösen Heimat, ihre dichteste Konkretisierung und äußerste Zuspitzung. Wie sehr beide Seiten den Kern der Sache sahen und erkannten, dokumentiert in geradezu ergreifender Weise ihr Bericht: «Der letzte Tag, den ich zu Hause verbrachte, war der 12. Oktober, mein Geburtstag. Es war zugleich ein jüdischer Festtag, der Abschluß des Laubhüttenfestes. Meine Mutter besuchte den Gottesdienst in der Synagoge des Rabbinerseminars. Ich begleitete sie, weil wir diesen Tag möglichst ganz gemeinsam verbringen wollten. Erikas Lieblingslehrer, ein bedeutender Gelehrter, hielt eine schöne Predigt. Auf dem Hinweg in der Straßenbahn hatten wir nicht viel gesprochen. Um einen kleinen Trost zu geben, sagte ich, die erste Zeit sei nur eine Probezeit. Aber das half nichts. ‹Wenn du eine Probezeit auf dich nimmst, weiß ich, daß du sie bestehen wirst.› – Jetzt verlangte meine Mutter, zu Fuß heimzugehen. Etwa dreiviertel Stunde mit ihren

84 Jahren! Aber ich mußte es zulassen, denn ich merkte wohl, daß sie noch gern ungestört mit mir reden wollte.

‹War die Predigt nicht schön?› – ‹Ja› – ‹Man kann also auch jüdisch fromm sein?› – ‹Gewiß – wenn man nichts anderes kennengelernt hat.› Nun kam es verzweifelt zurück: ‹Warum hast du es kennengelernt? Ich will nichts gegen ihn sagen. Er mag ein sehr guter Mensch gewesen sein. Aber warum hat er sich zu Gott gemacht?›»[53] Dem folgt der Zusatz: «Dann kam der Abschied. Meine Mutter umarmte und küßte mich sehr herzlich... Am Schluß fügte sie hinzu: ‹Der Ewige steh dir bei.›»[54]

Unentwegt hat sich Edith Stein mit dem gesamten jüdischen Volk solidarisch gefühlt. Nachdrücklich wird es bestätigt durch die Tatsache, daß sie ernstlich vorhatte, in Rom dem Hl. Vater das Anliegen der Judenverfolgung persönlich in einer Privataudienz vozutragen, um ihn zu einer Enzyklika zur Judenfrage zu bewegen. Als man ihr wegen der Aussichtslosigkeit des Vorhabens dringend abriet, schrieb sie einen Brief an Pius XI. Ob dieser Brief mit der Bitte um eine Juden-Enzyklika in die Hände des Papstes gelangt ist, steht nicht fest. Nach der aufsehenerregenden Enzyklika «Mit brennender Sorge» hat Pius XI. tatsächlich an eine der Judenverfolgung geltende Enzyklika gedacht. Es sind sogar in seinem Auftrag mehrere Entwürfe dazu erarbeitet worden, wie wir heute aus Mitteilungen des mit Edith Stein befreundeten holländischen Jesuiten J. H. Nota zuverlässig wissen, die er im «Freiburger Rundbrief» (26/1974) veröffentlicht hat.[55] Auch der Osservatore Romano hat in seiner deutschen Wochenendausgabe 3/16-17 vom 20.4.1974 darauf Bezug genommen.[56]

Um der Bedeutsamkeit willen muß wiederholt werden: Edith sieht und deutet die Judenverfolgung religiös im strikten Sinn. Das wird besonders deutlich in einem Gespräch, von dem ihre langjährige Freundin Sr. Adelgundis Jägerschmid OSB berichtet. Wichtig der Zeitpunkt: es handelt sich um ein Gespräch, das vor dem Eintritt in den Karmel stattfand und bei dem Edith sie liebevoll zur Verehrung des Herzens Jesu hinführen wollte: «Dabei geschah es einmal, daß sie einen innigen Blick zum Kreuz an der Wand warf und mich aufforderte, auch hinzuschauen. In Worten, die ich heute nicht mehr wiederholen kann, brachte sie das göttliche Kreuzesopfer in Zusammenhang mit dem furchtbaren Opferweg ihres Volkes. Aufs tiefste erschüttert, so, als ob sie selber eins werden sollte mit dem Kreuzesopfer des Herrn, rief sie zuletzt (diese Worte habe ich nicht vergessen): ‹Sein Blut komme über uns und unsere Kinder!›»[57] Mit tiefem Verständnis fügt Teresia a Matre Dei in ihrer Lebensbeschreibung an: «Angesichts der Judenverfolgung wächst Edith zu ihrer eigentlichen Sendung heran. Christentum und Judentum verbinden sich zu erlösender Einheit. Noch kurz vor ihrem Opfertod in Auschwitz sagt Edith zu P. Hirschmann SJ in Echt: ‹Sie glauben nicht, was es für mich bedeutet, Tochter des auserwählten Volkes zu sein, nicht nur geistig, sondern auch blutsmäßig zu Christus zu gehören.›»[58]

Nach der berüchtigten Kristallnacht vom 9. November, obwohl selber bislang kaum behelligt von den Nationalsozialisten, äußert sie: «Das ist der Schatten des Kreuzes, der auf mein Volk fällt. Oh, wenn es doch zur Einsicht käme. Das ist die Erfüllung des Fluches, den mein Volk auf sich herabgerufen hat! Kain muß verfolgt werden, aber wehe, wer Kain anrührt!»[59] In der Grundüberzeugung, mit der sie die Zulassung zum Karmel erbittet: «Nicht die menschliche Arbeit kann uns helfen, sondern das Leiden Christi. Daran Anteil zu haben, ist mein Verlangen», kann sie dann äußern: «Bei mir lassen die Ereignisse der letzten Jahre das Berufensein für das Volk Gottes immer stärker werden... Zugleich wächst die Überzeugung, wieviel für die ganze Menschheit daran hängt, ob der Herr von den Seinen aufgenommen wird.»[60]

Im natürlich-menschlichen Bereich tat Edith für Freunde und Bekannte, was immer in ihren Kräften stand. Keine Spur der Distanzierung ist feststellbar! Ja, besonders ihre jüdischen Freunde suchen in ihrer traurigen Lage bei Sr. Benedicta Rat und Trost und besprechen mit ihr ihre Auswanderungspläne. Auch an den Überlegungen und Aktivitäten ihrer nächsten Familienangehörigen nimmt sie lebhaftesten Anteil. Aber in solcher Solidarität auf der natürlichen Ebene erschöpft sich ihre Anteilnahme nicht. Ihre Sicht der Ereignisse und ihrer Bedeutung gewinnt zunehmend eine nur dem Glaubenden nachvollziehbare Dimension. Dies nicht in einer plötzlichen Erleuchtung oder Intuition, sondern in einem langwährenden allmählichen Wachsen und Reifen der Erkenntnis und der inneren Haltung. In einem Brief an ihre langjährige geistliche Freundin M. Petra Brüning offenbart sie ihr Innerstes: «Ich vertraue, daß die Mutter aus der Ewigkeit für sie sorgt (gemeint sind: ihre Schwester Rosa und die übrigen Familienangehörigen). Und darauf, daß der Herr mein Leben für alle angenommen hat. Ich muß immer wieder an die Königin Esther denken, die gerade darum aus ihrem Volke genommen wurde, um für das Volk vor dem König zu stehen. Ich bin eine sehr arme und ohnmächtige Esther, aber der König, der mich erwählt hat, ist unendlich groß und barmherzig. Das ist ein so großer Trost.»[61]

In dem Vortrag «Das Weihnachtsgeheimnis» vom 31. Januar 1931 sagt die mittlerweile im geistlichen Leben bereits Erfahrene u. a.: «Wer Christus angehört, der muß das ganze Christusleben durchleben. Er muß zum Mannesalter Christi heranreifen, er muß einmal den Kreuzweg antreten, nach Gethsemane und

Golgotha. Und alle Leiden, die von außen kommen, sind nichts im Vergleich zu der dunklen Nacht der Seele, wenn das göttliche Licht nicht mehr leuchtet und die Stimme des Herrn nicht mehr spricht. Gott ist da, aber er ist verborgen und schweigt. Warum das so ist? Es sind Gottes Geheimnisse, von denen wir sprechen, und die lassen sich nicht restlos durchdringen.»[62] Für sie konkretisiert sich mehr und mehr die Erkenntnis, daß ihr ganz persönlicher Weg und mithin ihre ganz persönliche Berufung in der freiwilligen Aufopferung ihres Lebens für ihr jüdisches Volk bestehe. Sehr früh schon, so scheint es, beginnt diese Erkenntnis aufzukeimen in ihrem Innern. Ganz klar dann steht sie vor ihr beim Eintritt in den Karmel, wie ein Brief an M. Petra bekundet: «Ich muß Ihnen sagen, daß ich meinen Ordensnamen schon als Postulantin mit ins Haus brachte. Ich erhielt ihn genau so, wie ich ihn erbat. Unter dem Kreuz verstand ich das Schicksal des Volkes Gottes, das sich damals schon anzukündigen begann. Ich dachte, die es verstünden, daß es das Kreuz Christi sei, die müßten es im Namen aller auf sich nehmen. Gewiß weiß ich heute mehr davon, was es heißt, dem Herrn im Zeichen des Kreuzes vermählt zu sein. Begreifen freilich wird man es nie, weil es ein Geheimnis ist.»[63] Wer sich wie Sr. Benedicta bewußt und ausdrücklich beim Eintritt in den Orden dem Herrn vermählt im Zeichen des Kreuzes, der kann am Tag der ersten einfachen Profeß auf die Frage, wie sie sich fühle, in strahlender Gelassenheit antworten: «Wie die Braut des Lammes.»[64]

In einer Kleinschrift «Die Hochzeit des Lammes» spricht sie von der Vermählung der Seele mit Gott. Dort nennt sie die Kreuzigung der Braut eine Hochzeitsfeier, d. h. die Vereinigung mit Christus geschieht am Stamm des Kreuzes.[65] Sie weiß es und wächst in die Erfahrung hinein: Seit Christus das Kreuz zum Werkzeug der Erlösung auserwählt hat, ist es zum

Sinnbild jeder Christusgemeinschaft überhaupt geworden. In «Kreuzeswissenschaft», der großen Studie über Johannes vom Kreuz, an deren Fertigstellung sie buchstäblich bis zum Vorabend ihrer Verhaftung und Deportation gearbeitet hat, sagt sie es mit den Worten: «Die bräutliche Vereinigung der Seele mit Gott (ist) das Ziel, für das sie geschaffen ist: erkauft durch das Kreuz, vollzogen am Kreuz und für alle Ewigkeit mit dem Kreuz besiegelt.»[66] «Kreuzeswissenschaft», sie sagt es selber ausdrücklich, ist für sie keine bloße Theorie, keine pure Theologie des Kreuzes, sondern eine Erfahrungswissenschaft, die man nur in der Kreuzesschule lernen kann: «Wehrlos ausgeliefert zu sein an die Bosheit erbitterter Feinde, gepeinigt an Leib und Seele, abgeschnitten von allem menschlichen Trost und auch von den Kraftquellen des kirchlich-sakramentalen Lebens – könnte es noch eine höhere Kreuzesschule geben?»[67] Auf einem Zettel, den sie vom Sammellager Westerbork aus nach Echt schickt, bekräftigt sie in ihren allerletzten Lebenstagen: «Eine *scientia crucis* kann man nur gewinnen, wenn man das Kreuz gründlich zu spüren bekommt. Davon war ich vom ersten Augenblick an überzeugt und habe von Herzen gesagt: ‹Ave, Crux, spes unica!›»[68]

Sie wußte: «Ich vertraue ... darauf, daß der Herr mein Leben für alle angenommen hat.» Sie war zum Kreuztragen bereit. «Aber worin das Kreuztragen bestehen sollte, das wußte ich noch nicht.»[69] Sie war in den Karmel eingetreten mit dem erklärten Vorsatz: «Nicht menschliche Tätigkeit kann uns helfen, sondern das Leiden Christi. Daran Anteil zu haben, ist mein Verlangen.»[70] Allmählich erst, wenn auch schon recht bald, verdeutlicht sich für sie, worin ihr Kreuz und ihre Berufung bestehen sollte. Unmittelbar nach der einfachen Profeß besuchte sie eine Freundin; im Lauf des Gesprächs äußerte die Freundin: hier im

Karmel werde sie doch wohl geborgen sein. Darauf sagte sie schnell: «O nein, das glaube ich nicht. Man wird mich hier sicher noch herausholen. Jedenfalls darf ich nicht damit rechnen, hier in Ruhe gelassen zu werden.» Es sei ihr klar, daß sie für ihr Volk leiden sollte, daß sie den Auftrag habe, viele heimzuholen.[71] Zweifellos haben «die Ereignisse der letzten Jahre» das Berufensein für das Volk Gottes immer bewußter werden lassen, wie wir schon gehört haben. Die Gestalt der Esther tritt immer lebhafter vor ihren geistigen Blick: sie selbst soll jetzt als neue Esther für ihr Volk vor Gott eintreten! Sie erschrickt nicht über diese Erkenntnis. Sie wehrt sich nicht gegen diese Berufung. Sie weicht nicht zurück vor diesem Auftrag. Sie ist nicht überrascht und fühlt sich nicht überrumpelt. Hat sie es geahnt? Die konkrete Weise wohl nicht. Aber schon früh sind Keime in ihr Inneres eingesenkt worden, die sich in der Stille entfaltet haben, langsam wuchsen und erstarkten und nun ans Licht drängen. Bereits Anfang 1930 schreibt sie in Beantwortung eines Briefes von Sr. Adelgundis, die wieder einmal den gemeinsamen Lehrer Edmund Husserl besucht hatte: «Es ist gut, wenn wir frei mit ihm über diese letzten Dinge sprechen können... Es ist ein anderes: ein auserlesenes Werkzeug sein und: in der Gnade stehen. Wir haben nicht zu urteilen und dürfen auf Gottes unergründliche Barmherzigkeit vertrauen. Aber den Ernst der letzten Dinge dürfen wir uns nicht verschleiern. Nach jeder Begegnung, in der mir die Ohnmacht direkter Beeinflussung fühlbar wird, verschärft sich mir die Dringlichkeit des eigenen holocaustum.»[72]

«Holocaust» – ein über die Maßen erregendes, unheilschwangeres Wort, jedermann verständlich seit dem amerikanischen Filmereignis gleichen Namens! Edith Stein hat nicht geahnt und nicht ahnen können, welch unsägliches Leid und Grauen in diesem Wort beschlossen sein sollte. Und als sie dieses Wort gebrauchte und auf ihr eigenes Leben und Sterben bezog, wußte sie nicht und konnte sie nicht wissen, daß ihr persönliches holocaustum eingefügt und eingetaucht sein sollte in jenes apokalyptische Holocaust der «Endlösung der Judenfrage», die der Nationalsozialismus in infernalischer Verblendung und in teuflischem Haß inszeniert hatte. Rückblickend können wir sagen: treffsicherer konnte Sr. Benedicta ihren Opferweg nicht kennzeichnen denn als *freiwillige Ganz-Hingabe im Verbranntwerden: Ganzopfer als Brandopfer*. Es ist wohl kaum anzunehmen, daß Edith Stein, bestens vertraut mit dem kultischen Opferdienst ihres Volkes, es *so* wortwörtlich gemeint habe, als sie von ihrem «holocaustum» sprach. Buchstäblich aber wird sie später beim Wort genommen.

Ihr Weg im Karmel also, so versteht sie nunmehr ihre Berufung als die im Geheimnis des hl. Kreuzes mit Christus in der Profeß Vermählte, als Braut des Lammes, ist der: in Einheit und Gemeinschaft mit Christus holocaustum zu sein für das ganze Volk Gottes, d. i. in der Sicht der jüdischen Christin zunächst für ihr auserwähltes jüdisches Volk, und dann die ganze Kirche und die gesamte Menschheit: «Rein sein von Schuld und doch den Schmerz fühlen – ist das nicht das wahre Einssein mit dem makellosen Lamm, das die Sünden der Welt auf sich nahm, ist das nicht Gethsemani und Golgotha?»[73] Getsemani und Golgota – nicht zufällig stehen da diese beiden Namen.

Da sie sich berufen weiß, ihr Leben als holocaustum für ihr Volk dem himmlischen Vater anzubieten, schreibt sie im Jahr 1939, nach der Übersiedlung aus dem Kölner Karmel in den von Echt in den Niederlanden, dreimal in aller Form ein Aufopferungsgebet bzw. -angebot nieder. Der illusionslose, unsentimentale, nüchtern ergreifende Wortlaut der ersten Niederschrift, am Freitag in der Fronleichnamsoktav abgefaßt, (am 9. Juni 1939), beschließt ihr Testament: «Schon jetzt nehme ich den Tod, den Gott mir zugedacht hat, in vollkommener Unterwerfung unter Seinen heiligsten Willen mit Freuden entgegen. Ich bitte den Herrn, daß Er mein Leiden und Sterben annehmen möchte zu Seiner Ehre und Verherrlichung, ... zur Sühne für den Unglauben des jüdischen Volkes und damit der Herr von den Seinen aufgenommen werde und Sein Reich komme in Herrlichkeit, für die Rettung Deutschlands und den Frieden in der Welt, schließlich für meine Angehörigen, Lebende und Tote, und alle, die mir Gott gegeben hat: daß keines von ihnen verloren gehe.»[74] Zwei Monate später, am 4. August 1939: «Göttliches Herz meines Erlösers! Ich gelobe Dir, alle Gelegenheiten zu benützen, Dir Freude zu bereiten; und wo ich vor einer Wahl stehe, will ich das wählen, was Dich am meisten freut. Ich gelobe das, um Dir meine Liebe zu beweisen und zur Vollkommenheit meines Berufes zu gelangen, d. h. eine echte Karmelitin zu werden, wahrhaft Deine Braut. Ich bitte Dich, gib mir die Kraft, meine Gelübde treu zu erfüllen. Deine Mutter und mein heiliger Engel mögen mir dazu helfen.»[75] Diese beiden Aufopferungsgebete stimmen voll inhaltlich überein mit der Bitte, die sie schon vorher an Mutter Ottilia, die Priorin von Echt, auf einem Zettelchen geäußert hatte: «Liebe Mutter, bitte erlauben E. E. mir, mich dem Herzen Jesu als Sühnopfer für den wahren Frieden anzubieten: daß die Herrschaft des Antichrist, wenn möglich, ohne einen neuen Weltkrieg zusammenbricht und eine neue Ordnung aufgerichtet werden kann. Ich weiß, daß ich ein Nichts bin, aber Jesus will es, und Er wird gewiß in diesen Tagen noch viele andere rufen.»[76]

Was Sr. Benedicta a Cruce in ruhiger Stunde, jedoch angesichts ganz nahe drohenden Unheils, Gott anbietet, das vollzieht sich in der Wirklichkeit des Lebens in einer total unpathetischen und undramatischen Weise: beim gewaltsamen Abtransport von Echt nimmt sie nach dem Verlassen der Klausur ihre im Pfortenzimmer wartende Schwester Rosa bei der Hand mit den Worten: «Komm, wir gehen für unser Volk.» So berichtet eine Bekannte, Augenzeugin dieses Vorgangs.[77]

Für das tiefere Verständnis des ihr zugedachten holocaustum sind gewichtige Worte und Aussagen aus ihren letzten Lebensjahren heranzuziehen. In deren Licht gewinnen dann auch Aussagen aus früherer Zeit deutlicheres Profil. Schon 1931 spricht sie in dem großen Vortrag über das Weihnachtsgeheimnis von der «dunklen Nacht». Zumindest theoretisch ist die «dunkle Nacht» der Seele wie des Geistes für sie keine Unbekannte. Sie, die sich seit ihrer Taufe mit Bestimmtheit als für den Karmel berufen gefühlt hat, hat in den langen, für sie schmerzhaften Jahren des Wartens außer der Selbstbiografie der hl. Teresa auch einiges von Johannes vom Kreuz gelesen. Als sie sich im letzten Lebensjahr förmlich in das intensive Studium der «Kreuzeswissenschaft» stürzt, um sich den Gehalt der Schriften des hl. Ordensvaters Johannes vom Kreuz anzueignen, sie zu kommentieren und auszulegen, stößt sie selbstverständlich auf die zentrale Thematik der «dunklen Nacht». Darüber schreibt sie u. a. «Kein Menschenherz ist je in eine so dunkle Nacht eingegangen wie der Gottmensch in Gethsemani und auf Golgotha. In das unergründliche Geheimnis der Gottverlassenheit vermag kein forschender Menschengeist einzudringen. Aber Jesus kann auserwählten Seelen etwas von dieser äußersten Bitterkeit zu kosten geben. Es sind seine treuesten Freunde, denen er es als letzte Probe ihrer Liebe zumutet.» Nach ihrer Überzeugung hat Johannes vom Kreuz diese Probe der Liebe erfahren und überstanden; deshalb auch kann er in seinen Schriften

Zeugnis ablegen von der beseligenden Vereinigung, die zwischen dem Heiland selbst und der geliebten Seele am Kreuz geschieht. Denn: «Kreuz und Nacht sind der Weg zum himmlischen Licht: das ist die frohe Botschaft vom Kreuz.»[78]

Hat sie nicht schon im mehrfach zitierten Vortrag über das Weihnachtsgeheimnis gesagt: «Das Licht erlischt im Dunkel des Karfreitags, aber es steigt strahlender auf am Auferstehungsmorgen. Durch Kreuz und Leiden zur Herrlichkeit der Auferstehung ist der Weg des fleischgewordenen Gottessohnes. Mit dem Menschensohn durch Leiden und Tod zur Herrlichkeit der Auferstehung zu gelangen, ist der Weg eines jeden von uns.»[79] In der «Kreuzeswissenschaft» versucht sie zu verdeutlichen, was mit der «Dunklen Nacht» gemeint ist: «Die *mystische Nacht* ist nicht kosmisch zu verstehen. Sie dringt nicht von draußen auf uns ein, sondern hat ihren Ursprung im Innern der Seele und befällt auch nur diese Seele, in der sie aufsteigt. Doch die Wirkungen, die sie im Innern hervorbringt, sind denen der kosmischen Nacht vergleichbar: sie bedingt ein Versinken der äußeren Welt, mag sie auch draußen in hellem Tageslicht ausgebreitet liegen. Sie versetzt die Seele in Einsamkeit, Öde und Leere, unterbindet die Tätigkeit ihrer Kräfte, ängstigt sie durch drohende Schrecken, die sie in sich birgt. Doch auch hier gibt es ein *nächtliches Licht*, das eine neue Welt tief im Innern erschließt und die Welt draußen gleichsam von innen her erhellt, so daß sie uns als eine völlig veränderte wiedergeschenkt wird.»[80]

Jesus Christus selbst hat die Dunkle Nacht erlitten; in der Erfahrung der Gottverlassenheit am Kreuz brach die Nacht der Seele und des Geistes über ihn herein und löschte den letzten Funken Lichtes in seinem Innern. Unbestreitbar ist das, was Christus im Tod erfährt, Erleiden, also Passio, nicht Actio. Dennoch gilt, daß ihm das Leben nicht genommen wurde, sondern daß er es selber hingibt, daß er sich selbst in den Tod gibt in freier Selbsthingabe aus Liebe. Das gilt auch für die Phase der Gott-Verlassenheit, die ja ein passives Erleiden darstellt, das ihm widerfährt, das der Vater über ihn verhängt. Doch auch solche Gott-Verlassenheit als Widerfahrnis und Erleiden ist nur möglich, weil ER, dem sie widerfährt, sich freiwillentlich in sie hineinnehmen läßt, ohne sich zu sträuben, ohne sich dagegen zu stemmen, ohne ihr ausweichen zu wollen, vielmehr mit dem Willen, auszuharren, durchzuhalten, sie zu ertragen, sie zu durchschreiten – bis ans Ende: bis zur Totalhingabe im völligen Ausgelöscht- und Vernichtet-werden, im restlosen Verzehrt-werden. In der unbedingten Passivität des widerfahrenden Erleidens und Geschehens bleibt so unberührt und ungeschwächt der unbedingte Wille zur liebenden Totalhingabe bis zur Einswerdung mit dem Geliebten. Passivität äußersten Maßes und höchste, angespannteste Aktivität bestehen zugleich; die eine hebt die andere nicht auf, beide leben gleichsam voneinander und miteinander. Für Edith Stein ist dies ein ganz entscheidender Gesichtspunkt, denn anders wäre die Selbsthingabe, am radikalsten vollzogen in der dunklen Nacht der erlittenen Gottverlassenheit, dies sowohl bei Christus wie bei dem in seine Nachfolge Gerufenen, nicht freie Tat. Freiheit setzt Selbstbejahung und Selbstbesitz voraus; freie, d. i. liebend sich verschenkende und die Vereinigung mit dem Geliebten suchende Selbsthingabe ist nur denkbar als freies Über-sich-selbst-verfügen.

Die letzten philosophischen Gedankengänge hat Edith Stein in anderem Zusammenhang ausführlich entwickelt. Es überrascht aber nicht, daß sie ausgerechnet in der «Kreuzeswissenschaft» darauf zurückgreift. Dabei macht sie sehr wohl kenntlich, daß es sich nicht um Wiedergabe von Überzeugungen des

hl. Johannes handelt, sondern um eigenes Gedanken-
gut. Ihre Überlegungen gipfeln in der Aussage, die
liebende Übergabe der Seele an Gott sei die höchste
Tat der Freiheit.[81]

Eben dies war und ist Ediths Einsicht, erwachsen aus
philosophischer und theologischer Reflexion: «Das
innerste Wesen der Liebe ist Hingabe. Gott, der die
Liebe ist, verschenkt sich an die Geschöpfe, die er zur
Liebe erschaffen hat»[82], und: «Wer sich Gott hingibt,
gelangt in der liebenden Vereinigung mit ihm zur
höchsten Seinsvollendung, die zugleich Erkenntnis,
Herzenshingabe und freie Tat ist. Die Seele ist ganz
Gott zugewendet, aber in der Vereinigung mit der
göttlichen Liebe umfaßt der geschaffene Geist auch
erkennend, selig und frei bejahend sich selbst.»[83]

Mit fester Entschiedenheit also lehrt Edith Stein:
Selbsthingabe und Selbstaufopferung ist nur als Tat
sich selbst verschenkender und hingebender Liebe
möglich, Liebe aber ist möglich nur als frei schenkende; Freiheit aber setzt voraus Selbstverfügung und
Sebstbesitz: «Das Ich ist das in der Seele, wodurch sie
sich selbst besitzt und was sich in ihr als in seinem
eigenen *Raum* bewegt. Der tiefste Punkt ist zugleich
der Ort ihrer Freiheit: der Ort, an dem sie ihr ganzes
Sein zusammenfassen und darüber entscheiden kann.
Freie Entscheidungen von geringerer Tragweite können in gewissem Sinn auch von einem weiter nach
außen gelegenen Punkt getroffen werden: aber es sind
oberflächliche Entscheidungen: es ist ein *Zufall*, wenn
die Entscheidung sachgemäß ausfällt, denn nur am
tiefsten Punkt hat man die Möglichkeit, alles am letzten Maßstab zu messen; und es ist auch keine *letztlich*
freie Entscheidung, denn wer sich selbst nicht ganz in
der Hand hat, der kann nicht wahrhaft frei verfügen,
sondern läßt sich bestimmen... Der Mensch ist dazu
berufen, in seinem Innersten zu leben und sich selbst
so in die Hand zu nehmen, wie es nur von hier aus

möglich ist... Ihm (ist) sein Innerstes in die Hand gegeben; er kann in vollkommener Freiheit darüber verfügen, aber er hat auch die Pflicht, es als ein kostbares anvertrautes Gut zu bewahren!»[84]

Hält man die Einsicht fest, daß liebende Hingabe nur möglich ist dank der unbedingten Freiheit des Menschen, der sich ganz in der Hand hat, sich selbst besitzt und daher über sich selbst verfügen kann, dann gewinnen wir das volle Verständnis der Gott-Verlassenheit Jesu am Kreuz, in der sowohl Johannes vom Kreuz als auch Edith Stein den tiefsten Punkt des Leidens und also die entscheidende Wende im Erlösungsgeschehen sehen; denn «in Christus war durch Seine Natur und Seine freie Entscheidung nichts, was der Liebe widerstand. Er lebte jeden Augenblick Seines Daseins in der restlosen Hingabe an die göttliche Liebe... wenn wir in gläubiger Hingabe den ganzen Christus annehmen, d. h. aber, daß wir den Weg der Nachfolge Christi wählen und gehen, dann führt Er uns durch Sein Leiden und Kreuz zur Herrlichkeit der Auferstehung. Genau das ist es, was in der Beschauung erfahren wird: das Hindurchgehen durch den sühnenden Brand zur seligen Liebesvereinigung. Daraus erklärt sich ihr zwiespältiger Charakter. Sie ist Tod und Auferstehung. Nach der *Dunklen Nacht* strahlt die Lebendige Liebesflamme auf.»[85]

Etliche wichtige Daten bleiben nachzutragen, um das Bild der äußeren Lebensereignisse abzurunden. Die 1922 zur katholischen Kirche Konvertierte hat seit der Taufe Wunsch und Willen, in den Karmel einzutreten. Ihre Berater und Seelenführer machen gegen dieses Vorhaben mancherlei überzeugende und weniger überzeugende Argumente geltend. Für Edith selbst ist ausschlaggebend die liebende Rücksicht auf die im jüdischen Vorurteil befangene Mutter, auch auf die jüdische Herkunft überhaupt, deren sie sich allezeit bewußt bleibt, und die sie keinen Augenblick verleugnet. Es sind dann ausgerechnet die judenfeindlichen Maßnahmen der 1933 an die Macht gekommenen Nationalsozialisten, die ihre öffentliche Lehrtätigkeit wegen ihrer jüdischen Abstammung unmöglich machen, denen sie nunmehr die Möglichkeit «verdankt», endlich in den Karmel einzutreten. Nach der ruchlosen «Kristallnacht» von 1938 ist für sie aber auch im Kölner Karmel keines Bleibens mehr, wie sie es schon früh geahnt und vorausgesagt hat. Sie entweicht nach Echt in den Niederlanden. Wegen eines sehr energischen Hirtenwortes der holländischen Bischöfe wird sie mit über tausend jüdisch-katholischen Leidensgenossen zunächst in das Sammellager Westerbork im Norden der Niederlande abtransportiert und wenige Tage später in einen Nacht- und Nebel-Transport verladen, der in Richtung Osten geht. Danach verliert sich jede sichere Spur. Es ist der 2. August 1942, an dem sie von Echt abgeholt wird; um den 7. August geht der Transport nach Osten ab, und wahrscheinlich ist sie dort sofort nach der Ankunft am 9. August im Konzentrationslager vergast worden.

Aus dem Sammellager Westerbork sind nur wenige, freilich recht auffällige Dinge zu berichten.[86] Sie schreibt mehrere Zettel bzw. kleine Briefe an den Karmel in Echt, darunter in einem Briefchen an die Mutter Priorin: «... ich bin mit allem zufrieden. Eine ‹Scientia Crucis› kann man nur gewinnen, wenn man das Kreuz gründlich zu spüren bekommt. Davon war ich vom 1. Augenblick an überzeugt und habe von Herzen: ‹Ave, Crux, Spes unica!› gesagt.» Der jüdische Kaufmann Julius Marcan aus Köln berichtet: «Unter den am 5. August eingelieferten Gefangenen fiel Schwester Benedicta auf durch ihre große Ruhe und Gelassenheit... Schwester Benedicta ging unter den Frauen umher, tröstend, helfend, beruhigend wie ein Engel. Viele Mütter, fast dem Wahnsinn nahe,

hatten sich schon tagelang nicht um ihre Kinder ge-
kümmert und brüteten in dumpfer Verzweiflung vor
sich hin. Schwester Benedicta nahm sich sofort der
armen Kleinen an, wusch und kämmte sie, sorgte für
Nahrung und Pflege. Solange sie im Lager weilte,
entwickelte sie mit Waschen und Putzen eine rege
Liebestätigkeit, so daß alle darüber staunten.»[87] Im
Bericht eines der Boten aus Venlo, die von den Ursulinen geschickt worden waren, heißt es u. a.: «Es war
erbaulich für mich, wie ruhig und gesammelt diese
Schwester war» (252). Der bereits erwähnte Herr
Marcan erzählt ergänzend, im Gespräch mit Schwester
Benedicta habe er gefragt. «‹Was werden Sie jetzt
tun?› Und sie antwortete: ‹Bis jetzt habe ich gebetet
und gearbeitet, von nun an werde ich arbeiten und
beten›» (254). Besonders bedeutsam in einem der
Briefchen an Mutter Priorin: «Ich hätte auch gern den
nächsten Brevierband (konnte bisher herrlich beten)...» Dieser überschwengliche Ausdruck «herrlich», bei ihr völlig ungewohnt, muß etwas ganz
Ungewöhnliches bezeichnen. P. Ignatius Bromberg
OP, der mitsamt seiner Mutter und einigen wenigen
anderen unerfindlicherweise nicht mit in den Transport nach Osten geriet, gibt später einen Augen-
zeugenbericht und läßt darin auch seine Mutter zu
Wort kommen, da sie naturgemäß öfter mit Edith
Stein zusammengekommen sei: «Der große Unter-
schied zwischen Edith Stein und den anderen Schwe-
stern lag in ihrer Schweigsamkeit. Mein persönlicher
Eindruck ist, daß sie innerlichst betrübt war, nicht
angstvoll. Ich kann es nicht besser ausdrücken, als daß
sie den Eindruck machte, ein solch großes Maß von
Leid zu schleppen, daß selbst, wenn sie einmal lächel-
te, es dich noch mehr betrübte. Sie sprach fast nie, nur
blickte sie oft ihre Schwester Rosa unsäglich traurig
an. Nun ich dies niederschreibe, kommt mir der Gedanke, daß sie voraussah, was ihrer und der anderen

Menschen wartete... Nochmals, das ist mein Eindruck: sie dachte an das Leid, das sie voraussah, nicht *ihr* Leid, dafür war sie viel zu ruhig, und ich möchte fast sagen, allzu ruhig, sie dachte an das Leid, das die anderen erwartete. Ihr ganzes Äußere weckte bei mir noch einen anderen Gedanken, wenn ich sie mir im Geiste in der Baracke sitzend vorstelle – eine Pietà ohne Christus.»[88]

Das Voraufgehende ist Schilderung, Beschreibung der Ereignisse und der Eindrücke, zugleich jedoch auch ein Deutungsversuch. Ist er so ganz und gar abwegig? Dennoch sei, wenn es nicht als vermessen erscheint, im Nachhinein ein anderer Deutungsversuch dessen erlaubt, was sich in den letzten Lebenstagen der Sr. Benedicta zugetragen hat. Drei Bilder sollen Unsagbares zum Ausdruck bringen:

Dunkle Nacht – ohne Gott
Pietà – ohne Christus
Heilige – ohne Grab.[89]

Was soll damit ausgesagt werden?

Hinter dem groben Raster der äußeren Ereignisse und beschreibbaren Eindrücke der Augenzeugen und Beobachter vollzieht sich unsichtbar inneres, religiöses, geistliches, ja mystisches Leben und Erleben. Viele Menschen aus dem Bekannten- und Freundeskreis, mehrere ihrer Biografen, einer der beiden theologischen Zensoren, denen die Schriften im Gang des Seligsprechungsprozesses in Rom zur Prüfung vorgelegt wurden, vor allem auch der langjährige Seelenführer Erzabt Raphael Walzer von Beuron bekunden ihre Überzeugung, daß Edith Stein – Sr. Benedicta – mystisch begnadet gewesen sei, also außergewöhnliche mystische Erfahrungen gehabt habe. Am schwersten dürfte das Urteil von Erzabt Walzer wiegen, obwohl – oder weil? – es in einer sehr nüchternen, äußerst verhaltenen Beurteilung der Karmel-Postulantin wie beiläufig steht – einer Beurteilung, die insgesamt vom Geist der benediktinischen Diskretion und der Behutsamkeit des Seelenführers diktiert ist und in vornehmer Zurückhaltung und Ehrfurcht über Edith Stein spricht. Es ist derselbe Geist, in welchem Edith selbst von diesen Erfahrungen in scheuen Andeutungen und indirekten Anspielungen spricht. «Secretum meum mihi!» Auch dem anfänglich gegen eine solche Anerkenntnis sich wehrenden und sträubenden Leser der Schriften Edith Steins vermittelt sich bei wiederholter Lektüre und bei tieferem Eindringen in ihre Spiritualität beinahe unabweisbar die Überzeugung, daß sie eine mystisch Begnadete sei. Was zur Stützung dieser Überzeugung fehlt, ist die formelle Bestätigung durch Edith selbst. Oder darf man doch folgende Äußerung als solche verstehen: «Unsere Mutter hat aber doch die Berufung zum Karmel als gleichbedeutend mit dem Beruf zur Beschauung angesehen.»[90] Es handelt sich um eine Äußerung, die freilich nur im Gesamt-Kontext ihrer Schriften und ihres Lebens volle Aussagekraft gewinnt. Ihr Berufensein zum Karmel hat weder sie selbst noch irgendein Außenstehender je in Zweifel gezogen.

Dies also ist unsere Deutung, in ganz einfachen Worten gesagt: Gewiß schon früher, aber zumal während all der Tage im Lager Westerbork, wahrscheinlich auch auf dem Transport gen Osten bis hin zum Vergasungstod, erfährt und erleidet Sr. Benedicta in ununterbrochener Dauer die «Dunkle Nacht», einhergehend mit mystischer «Entrückung». Deshalb nach außen die auffallende Schweigsamkeit, deshalb die Ruhe, Starre, gepaart mit nahezu mechanisch sich entfaltender äußerer Betätigung für die Kinder. Sie erfährt das Kreuz und lernt so die scientia crucis, zu gleicher Zeit kann sie «herrlich» beten; sie leidet, hat aber keine Angst; sie ist gefaßt und gesammelt und sieht dennoch, wo Hilfe nottut. Wie traumwandelnd geht sie durchs Lager, und es hat den Anschein, als ginge sie ahnungslos in den Tod. Doch ist dies eben nur die Außenseite: tatsächlich, sie «ahnt» nicht den Tod und fürchtet ihn auch nicht, denn sie geht bewußt in ihn hinein und durch ihn hindurch bis zur seligen Liebesvereinigung mit Gott; ihr frei angebotenes Leben als «holocaustum» für ihr Volk vollzieht und vollendet sich nicht, indem sie, von Gott und den Menschen verlassen, in den Flammen des Judenhasses und erst recht nicht in den Flammen des Gasofens von Auschwitz verbrannt und verzehrt wird, so daß nichts mehr übrigbliebe von ihr, das des bergenden Grabes bedurft hätte; nein: sie geht aktiv vorwärtsschreitend durch das Sterben der Dunklen Nacht hindurch, verbrannt und verzehrt von der Lebendigen Liebesflamme, geborgen in Gott. So nämlich hat sie selbst es beschrieben: «Genau das ist es, was in der Beschauung erfahren wird: das Hindurchgehen durch den sühnenden Brand zur seligen Liebesvereinigung. Daraus erklärt sich ihr zwiespältiger Charakter. Sie ist Tod und Auferstehung. Nach der Dunklen Nacht strahlt die Lebendige Liebesflamme auf.»[91]

Auf solche Weise ist Edith Stein holo-caustum: physisch total verbranntes Opfer, weil zuvor mystisch zur Gänze verzehrt von der Flamme der unendlichen göttlichen Liebe. Auf solche Weise hat ihr Leben und Sterben den vollen Sinn des Hosea-Wortes ausgeschöpft: «Misericordiam volui, et non sacrificium, et scientiam Dei plus quam holocausta – denn nicht Schlachtopfer will ich, sondern Liebe, nicht Brandopfer, sondern Gotteserkenntnis.»(6, 6)

AUS DEN SCHRIFTEN EDITH STEINS

EINE TEXT-AUSWAHL

Vorbemerkung, Erläuterung

Die in diesem Teil vorgestellten Texte aus den Schriften Edith Steins stellen eine Auswahl dar, bei der kürzere oder längere Abschnitte vorgelegt werden, die nach Ansicht des Verfassers geeignet sind, das im I. Teil gezeichnete geistliche Porträt zu verdeutlichen und zu ergänzen oder aber sich als spirituelle Belehrung für den heutigen Menschen besonders empfehlen. Eine eigentliche Systematik liegt der Auswahl nicht zugrunde, wohl aber sind Geschmack und Vorliebe des Auswählenden in einem oft unbewußten, insgesamt aber nicht zu leugnenden Ausmaß mitbeteiligt. Die Reihenfolge ist in etwa mitbestimmt durch die zeitliche Folge der Veröffentlichungen Edith Steins, doch ist die Entstehungszeit der im Karmel verfaßten Kleinschriften nicht berücksichtigt, weil bedeutungslos. Die sehr unterschiedliche Länge der vorgelegten Texte mag dem einen oder anderen Leser Grund zur Beanstandung sein, doch sollte niemand übersehen, daß auch sehr kurze Textstücke eine geschlossene spirituelle Aussage und Belehrung bieten können; das gilt insbesondere für Auszüge aus Briefen.

Den einzelnen Texten wird jeweils, soweit für das Verständnis erforderlich, eine ganz kurze Einführung vorausgeschickt über Fundort, übergeordneten Textzusammenhang u. ä. Eine Erklärung oder Deutung der Texte wird nicht gegeben, vielmehr sollen diese aus sich selber sprechen. Sie können dies dann am besten, wenn sie im Sinn der Reihe «Klassiker der Meditation» eben nicht nur flüchtig gelesen werden, sondern als Stoff für echt meditatives Verweilen und Verkosten dienen. Möge jeder Leser geistlichen Gewinn erfahren im liebevoll-verweilenden Hinhören auf das geistliche Wort Edith Steins!

Die Überschriften stammen nicht von Edith Stein.

Der Text ist der Dissertationsschrift «Zum Problem der Einfühlung» entnommen (128 f). Es handelt sich um eine streng wissenschaftliche, phänomenologische Studie. Die Autorin betrachtete sich zur Zeit der Abfassung als erklärte Atheistin. Um so überraschender wirkt es, wenn sie ausgerechnet dieses Beispiel zur Illustrierung ihrer wissenschaftlichen Ansicht bringt.

Jedes Subjekt, an dem ich einfühlend ein Wertnehmen erfasse, betrachte ich als eine Person, deren Erlebnisse sich zu einem verständlichen Sinnganzen zusammenschließen. Wieviel ich mir von seiner Erlebnisstruktur zu *erfüllender* Anschauung bringen kann, das hängt von meiner eigenen ab. Prinzipiell erfüllbar ist alles fremde Erleben, das sich aus meiner eigenen Personalstruktur herleiten ließe, auch soweit sie noch nicht zur realen Entfaltung gelangt ist. Einfühlend kann ich Werte erleben und korrelative Schichten meiner Person entdecken, für deren Enthüllung mein originäres Erleben noch keine Gelegenheit geboten hat. Wer selbst nie einer Gefahr ins Auge geblickt hat, kann sich doch in einfühlender Vergegenwärtigung der Situation eines andern als tapfer oder feige erleben. Was dagegen meiner eigenen Erlebnisstruktur widerstreitet, das kann ich mir nicht zur Erfüllung bringen, ich kann es aber noch in der Weise der Leervorstellung gegeben haben. Ich kann selbst ungläubig sein und doch verstehen, daß ein anderer alles, was er an irdischen Gütern besitzt, seinem Glauben opfert. Ich sehe, daß er so handelt und fühle ihm als Motiv seines Handelns ein Wertnehmen ein, dessen Korrelat mir nicht zugänglich ist, und schreibe ihm eine personale Schicht zu, die ich selbst nicht besitze. So gewinne ich einfühlend den Typ des «homo religiosus», der mir wesensfremd ist, und ich verstehe ihn, obwohl das, was mir dort neu entgegentritt, immer unerfüllt bleiben wird. Wenn andre wiederum ihr Leben ganz auf den Erwerb materieller Güter einstellen, die ich gering achte, und alles andre dahinter zurücktreten lassen, so sehe ich, daß ihnen höhere Wertbereiche verschlossen sind, in die ich Einblicke habe, und ich verstehe auch sie, obwohl sie einem andern Typ angehören.

Gott – Halt und Grund meines endlichen Seins

Aus: A 2, 53–58. Ein erster Entwurf zu dem Werk entstand im Jahr 1931. Im Mittelpunkt stand die Erörterung der Begriffe Akt und Potenz; nach ihnen sollte auch das Ganze benannt werden. Eine schon damals als notwendig erachtete Überarbeitung mußte verschoben werden. Erst nach dem Noviziatsjahr im Karmel konnte der Entwurf im Auftrag der Oberen für den Druck vorbereitet werden, wobei eine ganz neue Fassung entstand. In den Mittelpunkt rückte nun die Frage nach dem Sein. Es soll der Grundriß einer Seinslehre, nicht ein System der Philosophie versucht werden. Im übrigen sprengt das umfangreiche Werk an entscheidenden Stellen den streng philosophischen Rahmen, um auch eigentlich theologische Argumentationen in die Überlegungen einzubeziehen. Der folgende Text bestätigt deutlich diese Tatsache.

Mein Sein, so wie ich es vorfinde und mich darin finde, ist ein nichtiges Sein; ich bin nicht aus mir selbst und bin aus mir selbst nichts, stehe jeden Augenblick vor dem Nichts und muß von Augenblick zu Augenblick neu mit dem Sein beschenkt werden. Und doch ist dies nichtige Sein, und ich rühre damit jeden Augenblick an die Fülle des Seins. Es wurde früher gesagt, das Werden und Vergehen, wie wir es in uns finden, enthülle uns die *Idee* des wahren Seins, des wandellos-ewigen. Die Erlebniseinheiten, deren Sein ein Werden und Vergehen ist, bedürfen des Ich, um zum Sein zu gelangen. Aber das Sein, das sie durch das Ich erhalten, ist nicht das wandellosewige, ist nur eben dieses Werden und Vergehen mit einer Seinshöhe im Augenblick des Übergangs vom Werden zum Vergehen. Das Ich scheint dem reinen Sein näherzustehen, weil es nicht nur für *einen* Augenblick die Seinshöhe erreicht, sondern in *jedem* Augenblick darin erhalten wird, freilich nicht als ein wandelloses, sondern mit einem ständig wechselnden Gehalt seines Lebens.

Das Ich kann nicht nur von dem Werden und Vergehen seiner Erlebnisgehalte her, sondern auch von der Eigentümlichkeit seines nur von Augenblick zu Augenblick gefristeten Seins her zur Idee des ewigen Seins gelangen: es schrickt zurück vor dem Nichts und verlangt nicht nur nach endloser Fortsetzung seines Seins, sondern nach dem Vollbesitz des Seins: einem Sein, das seinen gesamten Gehalt in wandelloser Gegenwart umfassen könnte, statt das eben zum Leben Emporgestiegene sich immer wieder entschwinden zu sehen. So kommt es zur *Idee der Fülle*, indem es an seinem eigenen Sein das durchstreicht, was ihm selbst als Mangel bewußt ist. Es erfährt aber auch in sich selbst Grade der Annäherung an *die Seinsfülle*. Seine *Gegenwart*, das, was sein Jetzt erfüllt, ist nicht immer von gleichem Umfang. Das kann daran liegen, daß sich ihm in verschiedenen Augenblicken ein Mehr oder Minder an Gehalten bietet. Es selbst hat aber auch in verschiedenen Augenblicken eine mehr oder minder große *Spannweite*. Und etwas Ähnliches zeigt sich im Verhältnis zu dem, was es von Vergangenem und Zukünftigem noch oder schon festhält. Zu den Unterschieden der Spannweite kommen Unterschiede in der *Stärke der Lebendigkeit* des Gegenwartslebens, mehr oder minder *hochgespannten Seins*. Über alle ihm selbst erreichbaren Stufen gedanklich hinausgehend bis an die äußerste Grenze des denkbar Möglichen kann das Ich zur Idee eines *allumspannenden und höchstgespannten Seins* gelangen. Es zeigt sich dabei, was früher ins Auge gefaßt wurde, daß die ständige Aktualität des Ich eine Gradabstufung zuläßt. Dem vollendeten Sein, dem *reinen Akt* gegenüber erscheint das *aktuelle* Sein des Ich als ein unendlich fernes und schwaches Abbild, aber es gibt in dieser Ferne noch Abstufungen, und von jenen *Vorstufen* des Seins, die wir als *Potentialität* bezeichneten, erscheint es so scharf abgehoben, daß es nicht angemessen erscheint, es selbst wegen seiner Abstufungen und der Möglichkeit eines Überganges von tieferen zu höheren Stufen – die besteht – in die Potentialität einzubegreifen...

Wenn wir das *wirkliche Sein* als *Akt* bezeichnen, so stehen dem *reinen Akt* als dem *vollendeten* Sein, dem wandellos-ewigen, alle Fülle mit der denkbar höchsten Lebendigkeit umspannenden, die *endlichen Akte* als unendlich schwache Abbilder in mannigfacher Abstufung gegenüber; ihnen selbst aber entsprechen wiederum als ihre *Vorstufen* verschiedene *Potenzen*: Der *endliche Akt* ist aber, in dem Bereich, in dem wir die Betrachtung vorläufig halten, zunächst und eigentlich *Sein des Ich*, und nur durch das Ich haben die Erlebniseinheiten daran Anteil.

Die Idee des reinen Aktes oder des ewigen Seins wird für das Ich, das sie einmal erfaßt hat, zum *Maß* seines eigenen Seins. Wie kommt es aber dazu, darin auch die *Quelle* oder den *Urheber* seines eigenen Seins zu sehen? Die Nichtigkeit und Flüchtigkeit seines eigenen Seins wird dem Ich klar, wenn es sich *denkend* seines eigenen Seins bemächtigt und ihm auf den Grund zu kommen sucht. Es rührt auch daran vor aller rückgewandten Betrachtung und Zergliederung seines Lebens durch die *Angst*, die den unerlösten Menschen in mancherlei Verkleidungen – als Furcht vor diesem und jenem –, im letzten Grunde aber als Angst vor dem eigenen Nichtsein durchs Leben begleitet, ihn «vor das Nichts bringt» (*M. Heidegger*, Sein und Zeit, 184 f). Die Angst ist freilich durchschnittlich nicht das beherrschende Lebensgefühl. Sie *wird* es in Fällen, die wir als krankhaft bezeichnen, aber normalerweise wandeln wir in einer großen Sicherheit, als sei unser Sein ein fester Besitz. Das kann darauf beruhen, daß wir bei jeder Oberflächensicht stehen bleiben, die uns in einer «stehenden» Zeit ein «bleibendes und dauerndes» Sein vortäuscht und uns durch das «Sorgen» für unser Leben den Anblick seiner Nichtigkeit verdeckt. Aber allgemein und schlechthin ist die Seinssicherheit nicht als bloßes Ergebnis solcher Täuschung und Selbsttäuschung anzusprechen. Die rückgewandte, denkende Zergliederung unseres Seins zeigt, wie wenig Grund zu solcher Sicherheit *in ihm selbst* gegeben ist, wie sehr es in der Tat dem Nichts ausgesetzt ist. Ist damit jene Seinssicherheit als sachlich unbegründet, also «unvernünftig» erwiesen und als vernünftige Lebenshaltung eine «leidenschaftliche ... ihrer selbst gewisse und sich ängstigende *Freiheit zum Tode*»? Keineswegs. Denn der unleugbaren Tatsache, daß mein Sein ein flüchtiges, von Augenblick zu Augenblick gefristetes und der Möglichkeit des Nichtseins ausgesetztes ist, entspricht die andere ebenso unleugbare Tatsache, daß ich trotz dieser Flüchtigkeit *bin* und von Augenblick zu Augenblick *im Sein erhalten* werde und in meinem flüchtigen Sein ein dauerndes umfasse. Ich weiß mich gehalten und habe darin Ruhe und Sicherheit – nicht die selbstgewisse Sicherheit des Mannes, der in eigener Kraft auf festem Boden steht, aber die süße und selige Sicherheit des Kindes, das von einem starken Arm getragen wird – eine, sachlich betrachtet, nicht weniger vernünftige Sicherheit. Oder wäre das Kind «vernünftig», das beständig in der Angst lebte, die Mutter könnte es fallen lassen?

Ich stoße also in meinem Sein auf ein anderes, das nicht meines ist, sondern Halt und Grund meines in sich haltlosen und grundlosen Seins. Auf zwei Wegen kann ich dahin gelangen, in diesem Grund meines Seins, auf den ich in mir selbst stoße, das *ewige Sein* zu erkennen. Das eine ist der *Weg des Glaubens*: wenn Gott sich offenbart als *der Seiende*, als *Schöpfer* und *Erhalter*, und wenn der Erlöser sagt: «Wer an den Sohn glaubt, der hat das ewige Leben» (Joh 3, 36), so sind das lauter klare Antworten auf die Rätselfrage meines eigenen Seins. Und wenn Er mir durch den Mund der Propheten sagt, daß Er treuer als Vater und Mutter zu mir stehe, ja daß Er die Liebe selbst sei, dann sehe ich ein, wie «vernünftig» mein Vertrauen auf den Arm ist, der mich hält, und wie töricht alle Angst vor dem Sturz ins Nichts – wenn ich mich nicht selbst von dem bergenden Arm losreiße.

Der Weg des Glaubens ist nicht der Weg der philosophischen Erkenntnis. Er ist die Antwort aus einer anderen Welt auf die Frage, die sie stellt. Sie hat auch einen eigenen Weg. Es ist der Weg des schlußfolgernden Denkens, den die *Gottesbeweise* gehen. Grund und Urheber meines Seins, wie alles endlichen Seins, kann letztlich nur ein Sein sein, das nicht – wie alles menschliche Sein – ein empfangenes ist: es muß *aus sich selbst* sein; ein Sein, das nicht – wie alles, was einen Anfang hat – auch nicht sein kann, sondern notwendig ist... Die Seinssicherheit, die ich in meinem flüchtigen Sein spüre, weist auf eine *unmittelbare* Verankerung in dem letzten Halt und Grund meines Seins... hin. Das ist freilich ein sehr dunkles Erspüren...

Aus: A 2, 461 f. Der Text bedarf keiner erläuternden Einführung. Es gilt sich vor Augen zu halten, daß im gesamten Werk sich philosophische und theologische Sicht gegenseitig durchdringen.

Das Innerste der Seele haben wir als die «Wohnung Gottes» kennen gelernt. Durch seine reine Geistigkeit ist es fähig, den Geist Gottes in sich aufzunehmen; durch seine freie Persönlichkeit vermag es sich so hinzugeben, wie es für diese Aufnahme nötig ist. Die Berufung zur Vereinigung mit Gott ist Berufung zum ewigen Leben. Schon *natürlicherweise* ist die Menschenseele als rein geistiges Gebilde nicht sterblich. Als geistig-persönliche ist sie überdies einer übernatürlichen Lebenssteigerung fähig, und der Glaube lehrt uns, daß Gott ihr das ewige Leben, d. h. den ewigen Anteil an Seinem Leben schenken *will*. So ist die einzelne Seele mit ihrer «einmaligen» Eigenart nicht ein Vergängliches, das nur bestimmt wäre, die Arteigentümlichkeit für eine vorübergehende Zeitdauer in sich auszuprägen und während dieser Zeitdauer an «Nachkommen» weiterzugeben, damit sie über das Einzelleben hinaus erhalten bleibe: sie ist zum ewigen Sein bestimmt, und das läßt es verständlich erscheinen, daß sie Gottes Bild auf eine «ganz persönliche Weise» wiedergeben soll. Die Heilige Schrift bietet manchen Anhaltspunkt für eine solche Deutung. So dürfen wir den Psalmvers: Qui finxit singillatim corda eorum («Er hat eines jeden Herz einzeln gebildet» – Ps 32, 15) dahin verstehen, daß jede einzelne Menschenseele aus

Gottes Hand hervorgegangen ist und ein besonderes Siegel trägt. Und wenn es in der Offenbarung Johannis heißt: «Dem Sieger werde ich einen... weißen Stein geben, und auf dem Stein wird ein neuer Name geschrieben stehen, den niemand kennt, als der ihn empfängt» (Offb 2, 17) – sollte jener Name nicht ein *Eigen*name im vollen Sinn des Wortes sein, der das innerste Wesen des Empfängers ausspricht und ihm das in Gott verborgene Geheimnis seines Seins aufschließt? Es ist ein «neuer» Name nicht für Gott, aber für den Menschen: auf der Erde hat er einen anderen Namen geführt; die menschliche Sprache hat ja keine wahren Eigennamen; sie nennt die Dinge und auch Personen nach irgendwelchen Merkmalen, die allgemein faßbar sind. Die Menschen «kennzeichnen», indem sie möglichst viele solcher Merkmale zusammentragen. Ihr Innerstes und Eigenstes bleibt ihnen meist verborgen, es wird verdeckt durch das Gepräge, das die menschliche Natur in ihnen im Laufe ihres Lebens unter dem Einfluß der Umwelt und besonders durch den Wechselverkehr in der *Gesellschaft* annimmt. Was sie davon in sich und an anderen spüren, das bleibt dunkel und geheimnisvoll und ist für sie ein ‹Unaussprechliches›. Wenn aber das irdische Leben endet und alles abfällt, was vergänglich war, dann erkennt sich jede Seele, «wie sie erkannt ist» (1 Kor 13, 12), d. h. wie sie vor Gott ist: als was und wozu Gott sie, sie ganz persönlich, erschaffen hat und was sie in der Natur- und Gnadenordnung – und dazu gehört wesentlich: kraft ihrer freien Entscheidungen – geworden ist.

Wir müssen auch daran denken, was das Aufnehmen Gottes in das Innerste der Seele bedeutet. Gegenwärtig ist ja der allgegenwärtige Gott überall und immer: in den leblosen und vernunftlosen Geschöpfen, die ihn nicht so wie die Seele aufnehmen können, in den «äußeren Wohnungen» der Seele, wo sie selbst nichts von der Gegenwart Gottes merkt, und in ihrem Innersten, auch wenn sie selbst sich nicht dort aufhält. Es kann also nicht davon die Rede sein, daß Gott an einen Ort käme, wo er vorher nicht war. Daß die Seele Gott aufnimmt, das heißt vielmehr, daß sie sich frei öffnet und hingibt zu jener Vereinigung, wie sie nur zwischen geistigen Personen möglich ist. Es ist dies eine *liebende* Vereinigung: Gott ist die Liebe, und der Anteil am göttlichen Sein, den die Vereinigung gewährt, muß ein Mitlieben sein. Gott ist die Fülle der Liebe. Geschaffene Geister aber sind nicht fähig, die ganze Fülle des göttlichen Lebens in sich aufzunehmen und mitzuvollziehen. Ihr Anteil bemißt sich nach dem Maß ihres Seins, und das bedeutet nicht nur ein «Soviel», sondern auch ein «So»: die Liebe trägt den Stempel der persönlichen Eigenart. Und das macht es wiederum verständlich, daß Gott sich in jeder Menschenseele eine «eigene» Wohnung geschaffen haben mag, damit die göttliche Liebesfülle durch die Mannigfaltigkeit verschiedengearteter Seelen einen weiteren Spielraum für ihre Mitteilung fände.

Aus: A 2, 416 f u. 419 f. Es werden Textabschnitte zusammengefaßt, die aus einem größeren Zusammenhang herausgenommen sind.

Die Liebe ist Hingabe an das Gut. Hingabe im eigentlichen Sinne ist nur einer Person gegenüber möglich. So geht die Liebe im vollen und eigentlichen Sinn von Person zu Person, wenn es auch mancherlei «von der Art der Liebe» gibt, was auf Unpersönliches gerichtet ist. Die Hingabe zieht (zielt?) auf Einswerden, sie kommt erst zur Vollendung durch Annahme von seiten der geliebten Person. So fordert die Liebe zu ihrer Vollendung die Wechselhingabe der Personen. Und nur so kann die Liebe auch volles Jasagen sein, weil eine Person sich der andern nur in der Hingabe erschließt. Nur im Einswerden ist eigentliche Erkenntnis von Personen möglich. Die Liebe in dieser höchsten Erfüllung schließt also die Erkenntnis ein. Sie ist zugleich Empfangen und freie Tat. So schließt sie auch den Willen ein und ist Erfüllung des Verlangens. Die Liebe in ihrer höchsten Vollendung ist aber nur in Gott verwirklicht: in der Wechselliebe der göttlichen Personen, in dem sich selbsthingebenden göttlichen Sein. Die Liebe ist Gottes Sein, Gottes Leben, Gottes Wesen. Sie entspricht jeder der göttlichen Personen und ihrer Einheit.

Im endlichen Abbild spaltet sich, was im göttlichen Urbild eins ist. Liebe, Erkenntnis und Wille fallen hier nicht zusammen, obwohl die Liebe etwas von der Art des Erkennens und etwas von der Art des Wollens einschließt; denn sie kann nicht völlig «blind» sein, und sie ist frei. Sie ist, wie früher im Anschluß an *Duns Scotus* gesagt wurde, das Freieste, was es gibt, denn sie verfügt nicht nur über eine einzelne Regung, sondern über das ganze eigene Selbst, die eigene Person. Die Liebe selbst hat im Bereich des Endlichen verschiedene Arten und Formen: als Liebe des Niederen zum Höheren hat sie mehr vom Verlangen an sich und ist vornehmlich auf Empfang gestellt; als Liebe vom Höheren zum Niederen ist sie mehr freies Schenken aus eigener Überfülle. Immer muß sie aber Hingabe sein, um echte Liebe zu sein. Ein Begehren, das nur für sich gewinnen will, ohne sich selbst zu geben, verdient den Namen Liebe nicht. Man darf wohl sagen, daß der endliche Geist in der Liebe seine höchste Lebensfülle erreicht...

Wenn die Liebe in ihrer höchsten Erfüllung Wechsel-Hingabe und Einswerden ist, so gehört dazu eine Mehrheit von Personen. Das «Hängen» an der eigenen Person, die Selbstbehauptung, die der verkehrten Selbstliebe eigen sind, bilden den äußersten Gegensatz zum göttlichen Wesen, das ja Selbst-Hingabe ist. Die einzige vollkommene Verwirklichung der Liebe, so wurde früher gesagt, ist das göttliche Leben selbst, die Wechselhingabe der göttlichen Personen. Hier findet jede Person in der andern sich selbst wieder, und da ihr Leben wie ihr Wesen eines ist, so ist die wechselseitige Liebe zugleich Selbstliebe, Jasagen zum eigenen Wesen und zur eigenen Person. Die nächste Annäherung an diese reine Liebe, die Gott ist, im Bereich des Geschöpflichen ist die Hingabe endlicher Personen an Gott. Es vermag zwar kein endlicher Geist den göttlichen Geist ganz zu umfassen. Aber Gott – und Er allein – umfaßt jeden geschaffenen Geist ganz: wer sich ihm hingibt, der gelangt in der liebenden Vereinigung mit ihm zur höchsten Seinsvollendung, zu jener Liebe, die zugleich Erkenntnis, Herzenshingabe und freie Tat ist. Sie ist ganz Gott zugewendet, aber in der Vereinigung mit der göttlichen Liebe umfaßt der geschaffene Geist auch erkennend, selig und frei bejahend sich selbst. Die Hingabe an Gott ist zugleich Hingabe an das eigene gottgeliebte Selbst und die ganze Schöpfung, namentlich an alle gottgeeinten Geistwesen.

Zu einer solchen Liebeshingabe ist aber der Mensch aus sich allein, durch seine eigene Natur nicht fähig. Wenn er schon zur Erkenntnis und zu wirklich erfüllter Liebe anderer Menschen nur gelangen kann, falls sie selbst sich ihm liebend erschließen – alles andere, was wir Menschenkenntnis und Menschenliebe nennen, sind nur Wege und Vorstufen dazu –, wie soll er zur Liebe Gottes kommen, den er nicht sieht, ohne daß er zuvor von Gott geliebt wird? Alle natürliche, von den Geschöpfen aufsteigende Gotteserkenntnis schließt ja sein verborgenes Wesen nicht auf. Sie kann ihn, trotz aller Entsprechung, die Geschöpfe und Schöpfer verbinden muß, doch immer nur als den ganz Anderen fassen. Das könnte – in der unverderbten Natur – schon genügen, um zu erkennen, daß dem Schöpfer eine größere Liebe gebührt als irgendeinem Geschöpf. Um sich Ihm aber liebend hinzugeben, müssen wir Ihn als den Liebenden kennen lernen.

Und so kann nur Er selbst sich uns erschließen. In gewisser Weise tut dies das Wort der Offenbarung. Und zur gläubigen Annahme der göttlichen Offenbarung gehört sinngemäß schon liebende Zuwendung.

Gnade und Freiheit

Aus: Die ontische Struktur der Person und ihre erkenntnistheoretische Problematik. In: A 6, 158 f. Diese umfangreiche Studie ist höchstwahrscheinlich um 1932 entstanden. Philosophische und theologische Überlegungen und Beweisgänge durchdringen sich gegenseitig.

Wir suchten zu verstehen, welchen Anteil die Freiheit am Werk der Erlösung hat. Dazu reicht es nicht aus, wenn man die Freiheit allein ins Auge faßt. Man muß ebenso prüfen, was die Gnade vermag und ob es auch für sie eine absolute Grenze gibt. Das sahen wir schon: die Gnade muß zum Menschen kommen. Von sich aus kann er bestenfalls bis ans Tor kommen, aber niemals sich den Eintritt erzwingen. Und weiter: sie kann zu ihm kommen, ohne daß er sie sucht, ohne daß er sie will. Die Frage ist, ob sie ihr Werk ohne seine Mitwirkung vollenden kann. Es schien uns, daß diese Frage verneint werden muß. Das ist ein schwerwiegendes Wort. Denn offenbar liegt darin, daß Gottes Freiheit, die wir Allmacht nennen, an der menschlichen Freiheit eine Grenze findet. Die Gnade ist der Geist Gottes, der sich zur Seele des Menschen herabsenkt. Sie kann darin keine Stätte finden, wenn sie nicht frei darin aufgenommen wird. Das ist eine harte Wahrheit. Sie besagt – außer der erwähnten Schranke der göttlichen Allmacht – die prinzipielle Möglichkeit eines

Sichausschließens von der Erlösung und dem Reich der Gnade. Sie besagt *nicht* eine Grenze der göttlichen Barmherzigkeit. Denn wenn wir uns auch nicht dem Faktum verschließen können, daß für Unzählige der zeitliche Tod kommt, ohne daß sie der Ewigkeit einmal ins Auge gesehen haben und das Heil für sie zum Problem geworden ist; daß weiterhin viele sich zeitlebens um das Heil bemühen, ohne der Gnade teilhaftig zu werden – so wissen wir doch nicht, ob nicht für alle diese an einem jenseitigen Ort die entscheidende Stunde kommt, und der Glaube kann uns sagen, daß es so ist.

Die allerbarmende Liebe also kann sich zu jedem herabneigen. Wir glauben, daß sie es tut. Und nun sollte es Seelen geben, die sich ihr dauernd verschließen? Als prinzipielle Möglichkeit ist das nicht abzulehnen. *Faktisch* kann es unendlich unwahrscheinlich werden. Eben durch das, was die vorbereitende Gnade in der Seele zu wirken vermag. Sie kann nur eben anklopfen, und es gibt Seelen, die sich ihr schon auf diesen leisen Ruf hin öffnen. Andere lassen ihn unbeachtet. Dann kann sie sich in die Seelen einschleichen und sich mehr und mehr darin ausbreiten. Je größer der Raum ist, den sie so *illegitimer* Weise einnimmt, desto unwahrscheinlicher wird es, daß die Seele sich ihr verschließt. Sie sieht nun die Welt schon im Lichte der Gnade. Sie erblickt das Heilige, wo es ihr begegnet und fühlt sich davon angezogen. Sie bemerkt ebenso das Unheilige und wird davon abgestoßen, und alles andere verblaßt gegenüber diesen Qualitäten. Dem entspricht in ihrem Innern eine Tendenz, sich im Sinne der Gnade, der ihr eigenen *Vernunft* gemäß und nicht mehr der natürlichen oder der des Bösen zu verhalten. Folgt sie diesem inneren Drange, so unterwirft sie sich damit implicite der Herrschaft der Gnade. Es ist möglich, daß sie das nicht tut. Es bedarf dann einer eigenen gegen den Einfluß der Gnade gerichteten Aktivität. Und diese Leistung der Freiheit bedeutet eine größere Anspannung, je mehr sich die vorbereitende Gnade in der Seele ausgebreitet hat. Diese Abwehrtätigkeit stützt sich – wie alle freien Akte – auf ein andersgeartetes Fundament, etwa auf natürliche Impulse, die neben denen der Gnade noch in der Seele wirksam sind.

Je mehr Boden die Gnade dem, was vor ihr die Seele erfüllte, abgewinnt, desto mehr entzieht sie den gegen sie gerichteten Akten. Und für dieses Verdrängen gibt es keine prinzipiellen Grenzen. Wenn alle dem Geist des Lichts entgegenstehenden Impulse aus der Seele verdrängt sind, dann ist eine freie Entscheidung gegen ihn unendlich unwahrscheinlich geworden. Dann rechtfertigt der Glaube an die Schrankenlosigkeit der göttlichen Liebe und Gnade auch die Hoffnung auf eine Universalität der Erlösung, obgleich durch die prinzipiell offenbleibende Möglichkeit des Widerstands gegen die Gnade auch die Möglichkeit einer ewigen Verdammnis bestehen bleibt.

So betrachtet heben sich auch die früher bezeichneten Schranken der göttlichen Allmacht wieder auf. Sie bestehen nur, solange man allein göttliche und menschliche Freiheit einander gegenüberstellt und die Sphäre außer acht läßt, die das Fundament der menschlichen Freiheit bildet. Die menschliche Freiheit kann von der göttlichen nicht gebrochen und nicht ausgeschaltet, wohl aber gleichsam überlistet werden. Das Herabsteigen der Gnade zur menschlichen Seele ist freie Tat der göttlichen Liebe. Und für ihre Ausbreitung gibt es keine Grenzen. Welche Wege sie für ihre Wirksamkeit wählt, warum sie um die eine Seele wirbt und die andere um sich werben läßt, ob und wie und wann sie auch da tätig ist, wo unsere Augen keine Wirkungen bemerken, das alles sind Fragen, die sich der rationalen Durchdringung entziehen. Es gibt für uns nur eine Erkenntnis der prinzipiellen Möglichkeiten und auf Grund der prinzipiellen Möglichkeiten ein Verständnis der Fakten, die uns zugänglich sind.

Wenige Seiten vorher heißt es:

Und es gibt eine letzte Möglichkeit: sich der Gnade rückhaltlos in die Arme zu werfen. Das ist die entschlossenste Abkehr der Seele von sich selbst, das unbedingte Sichloslassen. Aber um sich so loslassen zu können, muß sie sich so fest ergreifen, sich vom innersten Zentrum her so ganz umfasssen, daß sie sich nicht mehr verlieren kann. Die Selbsthingabe ist die freieste Tat der Freiheit. Wer sich so gänzlich unbekümmert um sich selbst – um seine Freiheit und um seine Individualität – der Gnade überantwortet, der geht ebenso – ganz frei und ganz er selbst – in sie ein. Und davon hebt sich die Unmöglichkeit ab, den Weg zu finden, solange man noch auf sich selbst hinsieht. Die Angst kann den Sünder in die Arme der Gnade treiben. Die Angst, die von

hinten treibt. Aber indem er sich ganz dahin
wendet, wird er die Angst los, denn die Gnade
nimmt Sünde und Angst von ihm. (156)

An Gottes Hand

Aus: W. Herbstrith, Edith Stein. Gedichte und Gebete aus
dem Nachlaß, 23 f.

Wer bist du, Licht,
das mich erfüllt
und meines Herzens Dunkelheit
erleuchtet?
Du leitest mich
gleich einer Mutter Hand,
und ließest du mich los,
so wüßte keinen Schritt
ich mehr zu gehen.
Du bist der Raum,
der rund mein Sein
umschließt und
in sich birgt.
Aus dir entlassen,
sänk' es in den Abgrund
des Nichts,
aus dem du es
zum Sein erhobst.
Du, näher mir
als ich mir selbst
und innerlicher
als mein Innerstes –
und doch ungreifbar
und unfaßbar
und jeden Namen sprengend:
Heiliger Geist – Ewige Liebe.

Aus: Wege zur inneren Stille (A 18), in dem Büchlein, in welchem W. Herbstrith unter dem gleichlautenden Titel mehrere Aufsätze E. Steins herausgegeben hat; 46–49

Was wir tun können und müssen, ist: uns der Gnade öffnen! Das heißt: unserem eigenen Willen völlig entsagen und uns nur dem göttlichen Willen gefangengeben, unsere ganze Seele aufnahme- und formungsbereit in Gottes Hände legen. Damit hängt zunächst das Leer- und Stillwerden zusammen.

Von Natur aus ist unser Innerstes mannigfach erfüllt; so sehr, daß eins immer das andere verdrängt und in ständiger Bewegung, oft in Sturm und Aufruhr hält. Wenn wir morgens erwachen, wollen sich schon die Pflichten und Sorgen des Tages um uns drängen (falls sie nicht schon die Nachtruhe vertrieben haben). Da steigt die unruhige Frage auf: Wie soll das alles in einem Tag untergebracht werden? Wann werde ich dies, wann jenes tun? Und wie soll ich dies und jenes in Angriff nehmen? Man möchte gehetzt auffahren und losstürmen. Da heißt es, die Zügel in die Hand nehmen und sagen: Gemach! Vor allem darf jetzt gar nichts an mich heran. Meine erste Morgenstunde gehört dem Herrn. Das Tagewerk, das er mir aufträgt, das will ich in Angriff nehmen, und er wird mir die Kraft geben, es zu vollbringen. So will ich hintreten zum Altare Gottes. Hier handelt es sich nicht um mich und um meine winzig kleinen Angelegenheiten, sondern um das große Versöhnungsopfer. Ich darf

daran teilnehmen, mich reinwaschen und froh-
machen lassen und mich mit allem meinem Tun
und Leiden bei der Opferung mit auf den Altar
legen. Und wenn der Herr dann zu mir kommt
in der Kommunion, dann darf ich ihn fragen:
Was begehrst du, Herr, von mir?

Was ich nach stiller Zwiesprache als nächste Aufgabe vor mir sehe, daran werde ich gehen. Wenn
ich nach dieser Morgenfeier in meinen Arbeitstag
eintrete, wird es feierlich still in mir, und leer
wird die Seele sein von dem, was sie bestürmen
und belasten wollte, aber erfüllt von heiliger
Freude, von Mut und Tatkraft. Groß und weit
ist sie geworden, weil sie aus sich herausgegangen und in das göttliche Leben eingangen ist. Als
eine ruhige Flamme brennt in ihr die Liebe, die
der Herr entzündet hat, und drängt sie, Liebe zu
erweisen und in anderen zu entzünden. Flammes-
cat igne caritas, accendat ardor proximos. Und
klar sieht sie das nächste Stückchen Weg vor
sich; sie sieht nicht sehr weit, aber sie weiß: wenn
sie dorthin gelangt ist, wo jetzt der Horizont
abschneidet, dann wird sich ein neuer Anblick
eröffnen.

Nun beginnt das Tagewerk; vielleicht Schuldienst vier bis fünf Stunden hintereinander. Da
heißt es bei der Sache sein, jede Stunde bei einer
anderen Sache. In dieser oder jener Stunde kann
man nicht erreichen, was man wollte, vielleicht
in keiner. Eigene Müdigkeit, unvorhergesehene
Unterbrechungen, Unzulänglichkeit der Kinder,
mancherlei Verdrießliches, Empörendes, Beäng-
stigendes.

Oder Bürodienst: Verkehr mit unangenehmen

Vorgesetzten und Kollegen, unerfüllbare Ansprüche, ungerechte Vorwürfe, menschliche Erbärmlichkeit, vielleicht auch Not der verschiedensten Art. Es kommt die Mittagsstunde. Erschöpft, zerschlagen kommt man nach Hause. Da warten eventuell neue Anfechtungen. Wo ist nun die Morgenfrische der Seele? Wieder möchte es gären und stürmen: Empörung, Ärger, Reue. Und so viel noch zu tun bis zum Abend! Muß man nicht sofort weiter? Nein, nicht ehe wenigstens für einen Augenblick Stille eingetreten ist. Jede muß sich selbst kennen oder kennenlernen, um zu wissen, wo und wie sie Ruhe finden kann. Am besten, wenn sie es kann, wieder eine kurze Zeit vor dem Tabernakel alle Sorgen ausschütten. Wer das nicht kann, wer vielleicht auch notwendig etwas körperliche Ruhe braucht, eine Atempause im eigenen Zimmer. Und wenn keinerlei äußere Ruhe zu erreichen ist, wenn man keinen Raum hat, in den man sich zurückziehen kann, wenn unabweisliche Pflichten eine stille Stunde verbieten, dann wenigstens innerlich für einen Augenblick sich gegen alles andere abschließen und zum Herrn flüchten. Er ist da und kann uns in einem einzigen Augenblick geben, was wir brauchen.

So wird es den Rest des Tages weitergehen, vielleicht in großer Müdigkeit und Mühseligkeit, aber in Frieden. Und wenn die Nacht kommt und der Rückblick zeigt, daß alles Stückwerk war und vieles ungetan geblieben ist, was man vorhatte, wenn so manches tiefe Beschämung und Reue weckt: dann alles nehmen, wie es ist, es in Gottes Hände legen und ihm überlassen. So wird man in ihm ruhen können, wirklich ruhen und den neuen Tag wie ein neues Leben beginnen.

Das ist nur eine kleine Andeutung, wie der Tag zu gestalten wäre, um für Gottes Gnade Raum zu schaffen. Jede einzelne wird am besten wissen, wie die Anwendung auf ihre eigenen Lebensverhältnisse sein müßte.

So wäre weiter zu zeigen, wie der Sonntag ein großes Tor sein müßte, durch den ewiges Leben in den Alltag und Kraft für die Arbeit der ganzen Woche einziehen könnte, und wie die großen Feste, Festzeiten und Bußzeiten, im Geiste der Kirche durchlebt, den Menschen von Jahr zu Jahr mehr der ewigen Sabbatruhe entgegenreifen lassen. Es wird eine wesentliche Aufgabe einer jeden einzelnen sein zu überlegen, wie sie nach ihrer Veranlagung und ihren jeweiligen Lebensverhältnissen ihren Tages- und Jahresplan gestalten muß, um dem Herrn die Wege zu bereiten. Die äußere Einteilung wird bei jeder anders sein müssen und auch im Laufe der Zeit dem Wechsel der Umstände sich elastisch anpassen müssen.

Auch die seelische Situation ist bei den verschiedenen Menschen verschieden. Von den Mitteln, die geeignet sind, die Verbindung mit dem Ewigen herzustellen, wachzuhalten oder auch neu zu beleben – wie Betrachtung, geistliche Lesung, Teilnahme an der Liturgie, an Volksandachten usw. –, sind nicht alle für jeden und zu allen Zeiten gleich fruchtbar. Die Betrachtung z. B. kann nicht von allen und nicht immer auf die gleiche Weise geübt werden. Es ist wichtig, das jeweils Wirksamste herauszufinden und sich zunutze zu machen.

Erstmalig veröffentlicht in: B 4, 34 f

Laß blind mich, Herr, die Wege gehn,
die Deine sind.
Will Deine Führung nicht verstehn,
bin ja Dein Kind!
Bist Vater der Weisheit, auch Vater mir.
Führest durch Nacht Du auch,
führst doch zu Dir.
Herr, laß geschehn, was Du willst,
ich bin bereit!
Auch wenn Du nie mein Sehnen stillst
in dieser Zeit.
Bist ja Herr der Zeit.
Das Wann ist Dein.
Dein ew'ges Jetzt, einst wird es mein.
Mach alles wahr, wie Du es planst
in Deinem Rat.
Wenn still Du dann zum Opfer mahnst,
hilf auch zur Tat.
Laß überseh'n mich ganz
mein kleines Ich,
daß ich mir selber tot,
nur leb' für Dich.

Liebe ist Gabe des freien Willens

Aus: A 2, § 9: Das Gottesbild im Menschen, 409–411

Jeder Zuwachs an Gnade ist auch eine Stärkung
des geistigen Seins und erschließt der Seele ein
reicheres und feineres Verständnis für das *geistliche Wort*, für den übernatürlichen Sinn, der aus

allem Geschehen spricht und der sich auch als «Einsprechung» in ihrem Inneren vernehmlich macht. Darum ist die Seele, die sich kraft ihrer Freiheit auf den Geist Gottes oder auf das Gnadenleben stützt, zu einer vollständigen Erneuerung und Umwandlung fähig. Ihr von der Gnade getragenes freies Tun hat Macht gegenüber allem unwillkürlichen seelischen Verhalten. Es ist nicht möglich, das Zusammenwirken von Natur, Freiheit und Gnade in der Gestaltung der Seele hier in seinem ganzen Umfang zu zeigen, es soll nur durch ein Beispiel klargemacht werden.

Vielleicht hat der früher ausgesprochene Satz: «Die Liebe ist das Freieste, was es gibt», Staunen und lebhaften Widerspruch hervorgerufen. Natürlicherweise sieht man ja Liebe und Haß als Elementargewalten an, die über die Seele hereinbrechen, ohne daß sie sich ihrer erwehren könnte. Schon von ihren Neigungen und Abneigungen pflegen die Menschen zu sagen, daß sie «nichts dafür könnten». Und in der Tat: die Seele «antwortet» auf den «Eindruck», den sie von einem Menschen empfängt – oft sofort bei der ersten Begegnung, sonst bei längerer Bekanntschaft –, unwillkürlich mit Zuneigung oder Abneigung, vielleicht auch mit Gleichgültigkeit; sie fühlt sich angezogen oder abgestoßen; und es kann darin eine durchaus sinnvolle Auseinandersetzung ihres eigenen Seins mit dem fremden liegen; ein Sich-hingezogen-fühlen zu dem, der ihr Bereicherung und Förderung verspricht, ein Zurückschrecken vor jemandem, der eine Gefahr für sie bedeutet. Andererseits sind hier schwere Täuschungen möglich: Äußerlichkeiten können das wahre Sein des Menschen verdecken und damit auch die Bedeutung, die ihm für den anderen zukommt. Diese natürlichen Regungen sind also nicht etwas, worüber man einfach hinweggehen dürfte; es ist aber auch nicht «vernünftig», sich ihnen einfach zu überlassen: sie sind einer Nachprüfung mit Hilfe des Verstandes und einer Beeinflussung durch den Willen zugänglich und bedürftig. Und gegenüber allem Spiel der Neigungen und Abneigungen richtet sich das Gebot des Herrn auf: Du sollst Deinen Nächsten lieben wie Dich selbst. Das gilt ohne Bedingungen und Abstriche. Der «Nächste» ist nicht der, den ich «mag». Er ist ein jeder, der mir nahekommt, ohne Ausnahme. Und wieder heißt es: Du kannst, denn du sollst! Es ist der Herr, der es verlangt, und er verlangt nichts Unmögliches. Vielmehr er *macht* möglich, was natürlicherweise nicht möglich wäre. Heilige, die sich im Vertrauen darauf zu heldenmütiger Feindesliebe entschlossen, haben es erfahren, daß sie die Freiheit hatten, zu lieben. Ein natürlicher Widerwille wird sich vielleicht noch eine Zeitlang behaupten; aber er ist kraftlos und vermag das Verhalten nicht zu beeinflussen, das von der übernatürlichen Liebe geleitet wird. In den meisten Fällen wird er bald vor der Übermacht des göttlichen Lebens weichen, das die Seele mehr und mehr erfüllt. Liebe ist ja ihrem letzten Sinne nach Hingabe des eigenen Seins und Einswerden mit dem Geliebten. Den göttlichen Geist, das göttliche Leben, die göttliche Liebe – und das alles heißt nichts anderes als: Gott selbst – lernt kennen, wer den Willen Gottes tut. Denn indem er mit innerster Hingabe tut, was Gott von ihm verlangt, wird das göttliche Leben *sein* inneres Leben: er findet Gott in sich, wenn er bei sich einkehrt.

Kurz vorher: 407:

Das ist es, was die Kenner des *inneren Lebens* zu allen Zeiten erfahren haben: sie wurden in ihr Innerstes hineingezogen durch etwas, was stärker zog als die ganze äußere Welt; sie erfuhren dort den Einbruch eines neuen, mächtigen, höheren Lebens, des übernatürlichen, göttlichen. «... Suchst du wohl einen hohen Ort, einen heiligen Ort, so biete dich innen als Tempel Gottes. ‹Denn der Tempel Gottes ist heilig, und der seid ihr›. Im Tempel willst du beten? In dir bete. Aber zuvor sollst du Tempel Gottes sein, weil er in seinem Tempel hört auf den Beter.» (*Augustinus*, in Io 15, 25). «Ruf mich zurück aus Irrsalen: Du sei Führer – und ich gehe zurück in mich und in Dich.»(*Augustinus*, Soliloquia II 6, 9). Die mystische Begnadung gibt als Erfahrung, was der Glaube lehrt: die Einwohnung Gottes in der Seele.

Gottes Liebe ist Selbsthingabe

Aus: A 2, 324 f.

Liebe als Jasagen zu einem Gut ist auch als Selbstliebe eines Ich möglich. Aber Liebe ist mehr als solches Jasagen, als «Wertschätzung». Sie ist Selbsthingabe an ein Du und in ihrer Vollendung – auf Grund wechselseitiger Selbsthingabe – Einssein. Weil Gott die Liebe ist, muß das göttliche Sein Einssein einer Mehrheit von Personen sein und sein Name «Ich bin» gleichbedeutend mit einem «Ich gebe mich ganz hin an ein Du», «bin eins mit einem Du» und darum auch mit einem «Wir sind». Die Liebe als innergöttliches Leben kann nicht durch die Liebe zwischen Gott und den Geschöpfen ersetzt werden, weil dies niemals die Liebe in ihrer höchsten Vollendung sein kann (auch wenn sie in der dem Geschöpf erreichbaren Vollendung in der Glorie gedacht wird). Die höchste Liebe ist wechselseitige ewige Liebe: Gott liebt die Geschöpfe von Ewigkeit her, aber er wird nicht von Ewigkeit von ihnen geliebt. So würde der Liebe ein Wandel und der Mangel der Unerfüllbarkeit anhaften, überdies würde Gott von den Geschöpfen abhängig gemacht, wenn die göttliche Liebe auf die Geschöpfe angewiesen wäre. Und die Liebe zwischen Gott und Geschöpf bleibt immer eine unvollkommene, weil noch in der restlosen Liebe des Glorienlebens wohl Gott das Geschöpf in sich aufzunehmen vermag, aber kein Geschöpf – auch alle Geschöpfe zusammen nicht – Gott fassen kann. Gottes inneres Leben ist die völlig freie, von allem Geschaffenen unabhängige, wandellose ewige Wechselliebe der göttlichen Personen. Was sie einander schenken, ist das eine, ewige, unendliche Wesen und Sein, das eine jede vollkommen umfaßt und alle zusammen. Der Vater schenkt es – von Ewigkeit her – dem Sohn, indem er ihn erzeugt, und indem Vater und Sohn es einander schenken, geht aus ihnen, als ihre Wechselliebe und Gabe, der Heilige Geist hervor. So ist das Sein der zweiten und dritten Person ein empfangenes und doch kein neu entstehendes wie das geschaffene: es ist das *eine* göttliche Sein, das zugleich gegeben und empfangen wird – das Geben und Empfangen gehört zum göttlichen Sein selbst. Man kann auch noch von einer anderen Seite her einen Zugang zum Geheimnis des dreifaltigen Seins suchen: Gottes Sein ist *Leben*, d. h. eine Bewegung aus dem eigenen Innern heraus, letztlich ein zeugendes Sein. Es ist keine Bewegung ins Dasein hinein, wie die des Endlichen, Geschaffenen; auch keine Bewegung über sich selbst hinaus wie die eines endlichen Zeugens, sondern eine ewige Bewegung in sich selbst, ein ewiges Sich-selbst-schöpfen aus der Tiefe des eigenen unendlichen Seins als schenkende Hingabe des ewigen Ich an ein ewiges Du und ein entsprechendes ewiges Sichempfangen und Sichwiederschenken. Und weil das in diesem Geben und Empfangen ewige entspringende Einssein das Gegebene und Empfangene noch einmal *gemeinsam* aus sich hervorbringt – weil das höchste Einssein als solches fruchtbar sein muß –, darum schließt sich der Ring des innergöttlichen Lebens in der dritten Person, die Gabe, Liebe und Leben ist.

Christus, der Erstgeborene und das Ziel der Schöpfung

Aus: A 2, 474 f. E. Stein, die sich im allgemeinen in ihren philosophisch-theologischen Überlegungen eng an Thomas von Aquin anlehnt – durch die mühevolle Übersetzung der umfangreichen Quaestiones disputatae de veritate hat sie ja überhaupt erst Zugang zum scholastischen Denken gefunden – weicht in diesem Lehrstück bewußt vom Aquinaten ab und macht sich die These des Johannes Duns Skotus zu eigen: die von der absoluten Prädestination Christi.

Christus – nicht Adam – ist der *Erstgeborene* Gottes und das Haupt der Menschheit. Er ist der Erstgeborene nicht nur als der ewige Gottessohn, sondern – wie ich es sehe – auch als Vater der Auserwählten, als das menschgewordene Wort, dessen Erdenweg und Himmelsherrlichkeit von Ewigkeit her im Plan Gottes lag. Christus, der Auferstandene, der König der Herrlichkeit, ist Urbild und Haupt der Menschheit – die Zielgestalt, auf die alles menschliche Sein hingeordnet ist und von der es seinen Sinn bekommt. Wenn im Logos die ganze Schöpfung vorgebildet war, so die Menschheit noch in einem besonderen Sinn. Es ist ja der Sinn des menschlichen Seins, daß in ihm Himmel und Erde, Gott und Schöpfung sich vermählen sollen: aus den Stoffen der Erde ist der menschliche Leib gebildet; er ist geeint und gestaltet durch die Seele, die als geistig-persönliches Wesen Gott näher steht als alle unpersönlichen Gebilde und zur Vereinigung mit ihm fähig ist. Eine engere und stärkere Vereinigung der getrennten Naturen ist nicht denkbar als die in einer Person, wie sie durch die Menschwerdung des Wortes vollzogen wurde. Durch sie wird die menschliche Natur – zunächst in Christus selbst – von göttlichem Leben erfüllt, soweit es dem göttlichen Willen entspricht: kraft seiner persönlichen Freiheit, mit der der Gottmensch über beide Naturen verfügt, kann er das göttliche Leben in das menschliche überfließen lassen, aber auch dieses Einströmen zurückhalten. Durch das

Einströmen wird Christus vom ersten Augenblick seines menschlichen Daseins an *lebenspendender Geist*. Die *lebendige Seele* des natürlichen Menschen hat die Kraft, die Stoffe, die ihr zum Aufbau des Leibes zur Verfügung stehen, zusammenfassend zur Einheit zu gestalten und diese Einheit in ihrer Gestalt während einer gewissen Dauer zu erhalten und zu beleben; sie hat darüber hinaus ihr *inneres* Sein und die Fähigkeit, neues Leben aus fremden Quellen in sich aufzunehmen und dadurch Vermehrung, Stärkung und Erhöhung ihres eigenen zu erfahren. Sie hat *nicht* die Kraft, aus sich heraus – ohne die Hilfe vorhandener Stoffe – einen Leib zu gestalten, (einen Geistleib) wie der Heilige Geist die sichtbaren Gestalten, in denen er den Menschen erschien (die Taube und die feurigen Zungen), oder die Engel den Menschenleib, mit dem sie sich auf der Erde zeigten; sie vermag auch nicht dem irdischen Leib Unverletzlichkeit und Unvergänglichkeit zu verleihen, wie sie ihm für das Glorienleben verheißen ist, oder aus sich heraus neues Leben zu erzeugen und anderen mitzuteilen. Zu all dem gehört schöpferische, göttliche Kraft. Und sie ist der Seele Christi eigen, weil sie ihr aus der mit ihr vereinten Gottheit zuströmt. Darum gehen von der Seele Christi Ströme lebendigen Wassers aus: auf den eigenen Leib (der nur darum für gewöhnlich *nicht* die Eigenschaften eines verklärten Leibes zeigte, weil der Wille des Herrn auf wunderbare Weise die natürliche Auswirkung der Vereinigung beider Naturen zurückhielt, um Leiden und Tod zu ermöglichen; vgl. Thomas von Aquino S. th. III q 45 a 2 corp) und auf Leib und

Seele derer, die die göttliche Wunderkraft an sich erfuhren. Die Vereinigung beider Naturen in Christus ist die Grundlage für die Vereinigung der anderen Menschen mit Gott. Durch sie ist er der Mittler zwischen Gott und den Menschen, der «Weg», ohne den niemand zum Vater kommt (Joh 14, 6). Ist das nur im Hinblick auf die Rechtfertigung zu verstehen, die durch den Erlöser geleistet wird und die gefallenen Menschen zu Gott zurückführt, oder hat es schon für die Menschen vor dem Fall unabhängig davon Bedeutung? Der Hauptstrom der theologischen Überlieferung beschränkt sich auf den Sündenfall als Grund der Menschwerdung. Was im Glaubensbekenntnis ausgesprochen ist – ... *qui propter nos homines et propter nostram salutem descendit de coelis* –, ließe auch eine erweiterte Deutung zu.

Freiheit als Selbstbesitz

Der philosophische Charakter und die thematische Nähe geben Anlaß, den folgenden Text hier einzuordnen, obwohl er aus dem Spätwerk «Kreuzeswissenschaft», 142 f. genommen ist. Für diesen Text ist wie für Ausführungen ähnlicher Art in besonderem Maß zu berücksichtigen, was Edith Stein im Vorwort schreibt: sie habe selbstverständlich für die Darstellung des Lebens und der Lehre des hl. Johannes vom Kreuz die einschlägigen Zeugnisse herangezogen und ausführlich vorgeführt, aber darüber hinaus habe sie eine Deutung versucht, «und in diesen Deutungsversuchen macht sich geltend, was die Verfasserin in einem lebenslangen Bemühen von den Gesetzen geistigen Seins und Lebens erfaßt zu haben glaubt. Das gilt vor allem für die Ausführungen über *Geist, Glauben und Beschauung*, die an verschiedenen Stellen eingeschaltet sind, besonders in dem Abschnitt: *Die Seele im Reich des Geistes und der Geister*. Was dort über

Ich, Freiheit und *Person* gesagt ist, stammt nicht aus den Schriften des hl. Vaters Johannes.» (1.) Der hier vorgelegte Text gehört offensichtlich zu den solchermaßen gekennzeichneten Darlegungen; vgl. ausdrücklich 144.

Das Ich ist das in der Seele, wodurch sie sich selbst besitzt und was sich in ihr als in seinem eigenen *Raum* bewegt. Der tiefste Punkt ist zugleich der Ort ihrer Freiheit: der Ort, an dem sie ihr ganzes Sein zusammenfassen und darüber entscheiden kann. Freie Entscheidungen von geringerer Tragweite können in gewissem Sinn auch von einem weiter nach außen gelegenen Punkt getroffen werden: aber es sind oberflächliche Entscheidungen: es ist ein *Zufall*, wenn die Entscheidung sachgemäß ausfällt, denn nur am tiefsten Punkt hat man die Möglichkeit, alles am letzten Maßstab zu messen; und es ist auch keine *letztlich* freie Entscheidung, denn wer sich selbst nicht ganz in der Hand hat, der kann nicht wahrhaft frei verfügen, sondern läßt sich bestimmen. Der Mensch ist dazu berufen, in seinem Innersten zu leben und sich selbst so in die Hand zu nehmen, wie es nur von hier aus möglich ist; nur von hier aus kann er den Platz in der Welt finden, der ihm zugedacht ist. Bei all dem *durchschaut* er sein Innerstes niemals ganz. Es ist ein Geheimnis Gottes, das Er allein entschleiern kann, so weit es ihm gefällt. Dennoch ist ihm sein Innerstes in die Hand gegeben; er kann in vollkommener Freiheit darüber verfügen, aber er hat auch die Pflicht, es als ein kostbares anvertrautes Gut zu bewahren...

Wie ist es aber möglich, daß sie (die Seele) sich

preisgibt, wenn sie sich noch gar nicht so in Besitz genommen hat, wie es erst beim Eingehen ins Innerste geschehen kann? Es ist nur denkbar, daß sie es in einem blinden Zugreifen gleichsam noch von außen her tut. Sie schenkt sich weg, ohne zu wissen, was sie damit hingibt...

Das Entscheidungsrecht über sich selbst steht der Seele zu. Es ist das große Geheimnis der persönlichen Freiheit, daß Gott selbst davor Halt macht. Er will die Herrschaft über die geschaffenen Geister nur als ein freies Geschenk ihrer Liebe. Er kennt die Gedanken des Herzens, Er durchschaut die tiefsten Gründe und Abgründe der Seele, in die ihr eigener Blick nicht dringt, wenn Gott sie nicht eigens dafür erleuchtet. Aber er will nicht von ihr Besitz ergreifen, ohne daß sie selbst es will. Doch tut Er alles, um die freie Hingabe ihres Willens an den Seinen als Geschenk ihrer Liebe zu erlangen und sie dadurch zur beseligenden Vereinigung führen zu können...

Jeder Mensch ist frei und wird täglich und stündlich vor Entscheidungen gestellt. Das Innerste der Seele aber ist der Ort, wo Gott ‹ganz allein› wohnt, solange die Seele nicht zur vollkommensten Liebesvereinigung gelangt ist... Kann also nur die Seele, die auf der höchsten Stufe der Vollkommenheit angelangt ist, in vollkommener Freiheit entscheiden? Dabei ist zu bedenken, daß die Eigentätigkeit der Seele augenscheinlich immer mehr abnimmt, je mehr sie sich dem Innersten nähert. Und wenn sie hier angelangt ist, wirkt Gott alles in ihr, sie hat nichts mehr zu tun, sondern nur noch in Empfang zu nehmen. Doch gerade in diesem In-Empfang-nehmen kommt der Anteil ihrer Freiheit zum Ausdruck. Darüber hinaus greift aber die Freiheit an noch viel entscheidenderer Stelle ein: Gott wirkt nur darum hier alles, weil sich die Seele ihm völlig übergibt. Und diese Übergabe ist die höchste Tat ihrer Freiheit. Johannes selbst schildert die mystische Vermählung als freiwillige Hingabe Gottes und der Seele aneinander und schreibt der Seele auf dieser Stufe der Vollkommenheit eine so große Macht zu, daß sie nicht nur über sich selbst, sondern sogar über Gott verfügen kann...

Sachlichkeit

Unermüdlich hat Edith Stein bei vielen Gelegenheiten und in vielen Variationen das Lob der Sachlichkeit gesungen. Besondere Bedeutung mißt sie der Einübung in die Haltung der Sachlichkeit für die Bildung der Frau zu; sie sieht in ihr eine vorzügliche Vorschule des Gehorsams. Sie selbst hat in der Schule Edmund Husserls, des Begründers und Meisters der Phänomenologie, gelernt, was das Motto dieser Methode besagen will: «Zu den Sachen selbst!». Für ihre Vorliebe für diese ausgesprochen «moderne» Tugendhaltung und Askese-Form sei eigens verwiesen auf die Skizze ihres geistig-geistlichen Porträts im I. Teil dieses Bändchens. – Der folgende Text ist der größere Teil der Einleitung in ihr letztes Werk «Kreuzeswissenschaft», 4–6.

Es gibt natürlich erkennbare Zeichen, die darauf hinweisen, daß die menschliche Natur, wie es tatsächlich ist, sich in einem Zustand der Entartung befindet. Dazu gehört die Unfähigkeit, Tatbestände entsprechend ihrem wahren Wert innerlich aufzunehmen und zu beantworten. Diese Unfähigkeit kann in einem angeborenen Stumpfsinn (wörtlich verstanden) begründet sein oder in einer allgemeinen Abstumpfung, die sich im Laufe des Lebens herausgebildet hat; schließlich in einer Abstumpfung bestimmten Eindrücken gegenüber infolge häufiger Wiederholung. Was oft gehört wurde, was altbekannt ist, das «läßt uns kalt». Dazu kommt überdies noch vielfach ein übermäßiges inneres Inanspruchgenommensein durch eigenpersönliche Belange, das für anderes unzugänglich macht. Wir empfinden unsere eigene innere Unbeweglichkeit als unsachgemäß und leiden darunter. Daß sie einem psychologischen Gesetz entspricht, hilft uns nicht darüber hinweg. Wir fühlen uns andererseits beglückt, wenn wir uns durch die Erfahrung überzeugen, daß wir noch zu tiefer, echter Freude fähig sind; und auch der tiefe, echte Schmerz ist uns wie eine Gnade im Verhältnis zur Starrheit des Nichtempfindenkönnens. Die Abgestumpftheit ist uns besonders schmerzlich auf religiösem Gebiet. Viele Gläubige fühlen sich bedrückt dadurch, daß die Tatsachen der Heilsgeschichte durchaus nicht (oder nicht mehr) den Eindruck auf sie machen, der ihnen gebührt, und sich in ihrem Leben nicht, wie sie sollten, als formende Kraft auswirken. Das Beispiel der Heiligen zeigt ihnen, wie es eigentlich sein müßte: wo wahrhaft lebendiger Glaube ist, da sind die Glaubenslehren und die ‹Großtaten› Gottes der Inhalt des Lebens, alles andere tritt dagegen zurück und wird von ihnen aus gestaltet. Das ist *heilige Sachlichkeit*: die ursprüngliche innere Empfänglichkeit der aus dem Heiligen Geist wiedergeborenen Seele; was an sie herantritt, das nimmt sie in der angemessenen Weise und in der entsprechenden Tiefe auf; und es findet in ihr eine durch keine verkehrten Hemmungen und Erstarrungen behinderte, lebendige, bewegliche und formungsbereite Kraft, die sich durch das Aufgenommene leicht und freudig prägen und leiten läßt. Nimmt die Kraft einer heiligen Seele in dieser Weise die Glaubenswahrheiten auf, so wird sie zur *Wissenschaft der Heiligen*. Wird das Geheimnis vom Kreuz ihre *innere Form*, dann wird sie zur *Kreuzeswissenschaft*.

Eine gewisse Verwandtschaft mit der *heiligen Sachlichkeit* hat die Sachlichkeit des Kindes, das noch mit ungeschwächter Kraft und Lebendigkeit und mit hemmungsfreier Unbefangenheit Eindrücke empfängt und beantwortet. Allerdings wird natürlicherweise die Antwort keineswegs immer die vernunftgemäße sein. Dazu mangelt noch die Reife der Einsicht. Außerdem fehlt es, sobald die Erkenntnis in Tätigkeit tritt, auch nicht an inneren und äußeren Quellen des Irrtums und der Täuschung, die in verkehrte Bahnen lenken. Entsprechende Umwelteinflüsse können vorbeugend wirken. Die Kindesseele ist weich und biegsam. Was in sie eindringt, kann leicht fürs ganze Leben formgebend sein. Wenn die Tatsachen der Heilsgeschichte schon in früher Kindheit und in geeigneter Form an die Seele herantreten, so kann dadurch leicht die Grundlage für ein heiliges Leben gelegt werden. Bisweilen treffen wir auch auf eine frühe außerordentliche Gnadenerwählung, so daß kindliche und heilige Sachlichkeit sich verbinden. So wird von der heiligen *Brigitta* berichtet, sie habe im Alter von 10 Jahren zum ersten Mal vom Leiden und Sterben Jesu gehört; in der Nacht darauf sei ihr der Heiland am Kreuz erschienen; seitdem habe sie niemals das Leiden des Herrn betrachten können, ohne Tränen zu vergießen.

Bei Johannes ist noch ein drittes in Betracht zu ziehen: er war eine Künstlernatur. Unter den verschiedenen Handwerken und Künsten, in denen sich der Knabe versuchte, waren die des Bildschnitzers und Malers. Wir haben aus späterer Zeit noch Zeichnungen von ihm. (Allgemein bekannt ist eine Skizze des Aufstieges zum Berge Karmel.) Er hat als Prior in Granada den Musterbau eines beschaulichen Klosters geschaffen. Und er war ebensosehr Dichter wie bildender Künstler. Es war ihm Bedürfnis, in Liedern auszusprechen, was in seiner Seele geschah. Seine mystischen Schriften sind nur nachträgliche Erklärungen des unmittelbaren dichterischen Ausdruckes. So haben wir bei ihm auch noch mit der eigentümlichen Sachlichkeit des Künstlers zu rechnen. In der ungebrochenen Kraft der Eindrucksfähigkeit ist der Künstler dem Kinde und dem Heiligen verwandt. Aber – im Gegensatz zur *heiligen* Sachlichkeit – ist es eine Eindrucksfähigkeit, die die Welt im Licht eines bestimmten Wertbereiches – und leicht auf Kosten anderer – sieht. Dem entspricht eine eigentümliche Art des antwortenden Verhaltens. Es ist dem Künstler eigen, daß das, was ihn innerlich berührt, sich in ihm zum Bild gestaltet und auch von ihm nach außen zum Bild gestaltet zu werden verlangt. Bild ist hier nicht auf den Bereich des Anschaulichen und der bildenden Kunst beschränkt; es ist jedes künstlerische Gebilde darunter zu verstehen, auch das dichterische und musikalische. Es ist zugleich Bild, in dem etwas zur Darstellung kommt, und Gebilde als Gebildetes und in sich Geschlossenes, zu einer eigenen kleinen Welt gerundetes. Jedes echte Kunstwerk ist überdies Sinnbild, gleichgültig ob es das nach der Absicht des Künstlers sein soll oder nicht, ob er Naturalist oder Symbolist ist. Sinnbild, d. h. es ist aus der unendlichen Fülle des Sinnes, in die jede menschliche Erkenntnis vorstößt, etwas darin erfaßt und ausgesprochen und spricht daraus; und zwar so, daß die gesamte Sinnfülle, die für alle menschliche Erkenntnis unerschöpflich ist, geheimnisvoll darin anklingt. So verstanden ist alle echte Kunst Offenbarung und alles künstlerische Schaffen heiliger Dienst. Dennoch bleibt es wahr, daß in der künstlerischen Veranlagung eine Gefahr liegt, und nicht nur dann, wenn der Künstler für die Heiligkeit seiner Aufgabe kein Verständnis hat. Es ist die Gefahr, daß er es beim Gestalten des Bildes bewenden läßt, als ob es für ihn keine anderen Forderungen gäbe. Was gemeint ist, läßt sich gerade am Beispiel des Kreuzbildes besonders deutlich zeigen. Es wird kaum einen gläubigen Künstler geben, der sich nicht gedrängt fühlte, einen Christus am Kreuz oder den Kreuztragenden zu gestalten. Aber der Gekreuzigte verlangt auch vom Künstler mehr als ein solches Bild. Er fordert von ihm wie von jedem Menschen die Nachfolge: daß er sich selbst zum Bild des Kreuztragenden und Gekreuzigten gestalte und gestalten lasse. Das Gestalten nach außen kann ein Hindernis für die Selbstgestaltung sein, muß es aber durchaus nicht sein; es kann sogar der

Selbstgestaltung dienen, weil das innere Bild selbst erst mit der Gestaltung des äußeren völlig ausgeformt und innerlich angeeignet wird; damit wird es, wenn kein Hindernis in den Weg tritt, zur inneren Form, die zur Auswirkung im Tun, d. h. auf den Weg der Nachfolge drängt. Ja, auch das äußere Bild, das selbstgeschaffene, kann immer erneut als Ansporn zur Selbstgestaltung in seinem Sinne dienen. Wir haben allen Grund anzunehmen, daß es bei Johannes so gewesen ist: daß sich bei ihm kindliche, künstlerische und heilige Sachlichkeit verbanden und der Kreuzesbotschaft den günstigsten Boden bereiteten, um sie zur Kreuzeswissenschaft heranwachsen zu lassen ...

Religion und Tageswerk

Der Text ist die Wiedergabe eines unwesentlich gekürzten Briefes an eine befreundete Ordensschwester, aus A 8, 54 f.

Natürlich ist Religion nicht etwas für den stillen Winkel und für einige Feierstunden, sondern sie muß, wie Sie es ja selbst empfinden, Wurzel und Grund alles Lebens sein, und das nicht nur für wenige Auserwählte, sondern für jeden wirklichen Christen (davon gibt es freilich immer nur eine «kleine Schar»). Daß es möglich sei, Wissenschaft als Gottesdienst zu betreiben, ist mir zuerst so recht am hl. Thomas aufgegangen ... und nur daraufhin habe ich mich entschließen können, wieder an ernstliche wissenschaftliche Arbeit heranzugehen.

In der Zeit unmittelbar vor und noch eine ganze Weile nach meiner Konversion habe ich nämlich gemeint, ein religiöses Leben führen heiße alles Irdische aufgeben und nur im Gedanken an göttliche Dinge leben. Allmählich habe ich aber einsehen gelernt, daß in dieser Welt anderes von uns verlangt wird und daß selbst im beschaulichen Leben die Verbindung mit der Welt nicht durchschnitten werden darf; ich glaube sogar: je tiefer jemand in Gott hineingezogen wird, desto mehr muß er auch in diesem Sinn «aus sich herausgehen», d. h. in die Welt hinein, um das göttliche Leben in sie hineinzutragen.

Es kommt nur darauf an, daß man zunächst einmal in der Tat einen stillen Winkel hat, in dem man mit Gott so verkehren kann, als ob es sonst überhaupt nichts gäbe, und das täglich: das Gegebene scheinen mir die Morgenstunden, ehe die Tagesarbeit beginnt; ferner, daß man seine besondere Mission dort bekommt, am besten für jeden Tag, und auch nichts selbst wählt; schließlich, daß man sich ganz und gar als Werkzeug betrachtet und speziell die Kräfte, mit denen man besonders arbeiten muß, z. B. den Verstand in unserem Fall, als etwas, was nicht *wir* brauchen, sondern Gott in uns.

Darin haben Sie mein Rezept, und ich vermute, das von Sr. Dolorosa wird nicht viel anders sein; gesprochen habe ich mit ihr noch nicht darüber. Mein Leben beginnt jeden Morgen neu und endet jeden Abend; Pläne und Absichten darüber hinaus habe ich keine, d. h. es kann natürlich zum Tagewerk gehören, vorauszudenken – ein Schulbetrieb z. B. ist ja ohne dies unmöglich –, aber eine ‹Sorge› für den kommenden Tag darf es nie sein.

Aus einem nur teilweise erhaltenen Brief an die gleiche Adressatin aus dem Jahr 1930: A 8, 71 f.

Besondere Mittel wende ich zur Verlängerung der Arbeitszeit nicht an. Ich tu, soviel ich kann. Das Können steigert sich offenbar mit der Menge der notwendigen Dinge. Wenn nichts Brennendes vorliegt, hört es viel früher auf. Der Himmel versteht sich sicher auf die Ökonomie. Was also bei Ihnen nach 9 kommt, ist offenbar nicht mehr notwendig. Daß es in der Praxis nicht glatt nach den Vernunftgesetzen geht, liegt daran, daß wir nicht reine Geister sind. Es hat keinen Sinn, dagegen zu rebellieren.

O Herre Gott, wollst geben mir
Alles, was mich führt hin zu Dir.

O Herre Gott, nimm weg von mir
Alles, was mich wendet ab von Dir.

O Herre Gott, nimm mich auch von mir
Und gib mich ganz zu eigen Dir.

Das sind drei Gnaden, die letzte ist die größte und schließt alle anderen ein. Sie sehen, es wird darum gebeten.

Eucharistische Frömmigkeit

Aus einem Brief an eine befreundete Karmelitin, im Mai 1933, also vor ihrem Eintritt in den Karmel geschrieben: A 8, 136 f.

... da ich eben aus der Kapelle heraufkomme, wo heute früh das Sanctissimum ausgesetzt wurde (und coram Sanctissimo Choralamt gesungen –

ein horrendum für einen Überliturgiker!), so möchte ich Dir gleich einen Gruß des eucharistischen Heilands bringen und zugleich einen liebevollen Vorwurf, weil Du Dich durch ein paar gedruckte Worte irremachen läßt an dem, was Du in so vielen Jahren vor dem Tabernakel erfahren hast. Dogmatisch scheint mir die Sache ganz klar: der Herr ist im Tabernakel gegenwärtig mit Gottheit und Menschheit. Er ist das nicht Seinetwegen, sondern unseretwegen: weil es Seine Freude ist, bei den Menschenkindern zu sein. Und weil Er weiß, daß wir, wie wir nun einmal sind, Seine persönliche Nähe brauchen. Die Konsequenz ist für jeden natürlich Denkenden, daß er sich hingezogen fühlt und dort ist, sooft und solange er darf. Ebenso klar ist die Praxis der Kirche, die das Ewige Gebet eingeführt hat.

Und um Dir noch einen Kronzeugen zu nennen, dessen liturgische Sachverständigkeit Du nicht anzweifeln wirst: Vater Erzabt (Raphael Walzer) sagte vor Jahren einmal zu mir: «Nicht wahr, Sie sind nicht *liturgisch*, Sie sind katholisch!» (Weil er nämlich die Leute übersatt hat, die zu ihm kommen, um ihm etwas von Liturgie vorzuschwatzen.) Außerdem denke daran, daß wir ja nicht dazu da sind, den Himmel auf Erden zu haben. Ich glaube, wenn Du etwas mehr von dem wüßtest, wie viele Tausende jetzt zur Verzweiflung getrieben werden, dann würdest Du Dich danach sehnen, ihnen von ihrem Übermaß an Not und Leid etwas abzunehmen ... Sorge Dich nicht um mich. Der Herr weiß, was Er mit mir vorhat.

Aus der geistlichen Meditation «Das Gebet der Kirche», jetzt veröffentlicht in: A 17, 25–45, der folgende Textabschnitt: 26 ff.

Das Gebet der Kirche ist das des fortlebenden Christus. Es hat sein Urbild im Gebet Christi während seines menschlichen Lebens.

Aus den evangelischen Berichten wissen wir, daß Christus gebetet hat, wie ein gläubiger und gesetzestreuer Jude betete (Anm. 1: Das Judentum hatte und hat seine reich ausgebildete Liturgie für den öffentlichen wie für den häuslichen Gottesdienst, für die Hochfeste und für den Alltag.). Wie von Kindheit an mit seinen Eltern, so ist er später mit seinen Jüngern zu den vorgeschriebenen Zeiten nach Jerusalem gepilgert, um die Hochfeste im Tempel mitzufeiern. Gewiß hat er mit den Seinen in heiliger Begeisterung die Jubellieder gesungen, in denen die Vorfreude der Wallfahrt ausströmte: «Ich freute mich, da man mir sagte: wir wollen zum Hause des Herrn gehen» (Ps 121, 1). Daß Jesus die alten Segenssprüche betete, wie sie noch heute über Brot, Wein und Feldfrüchte gebetet werden (Anm. 2: «Gepriesen seist Du, Ewiger, unser Gott, König der Welt, der Du aus der Erde Brot hervorbringst», ... «der Du die Frucht des Weinstocks schufst»), bezeugt uns die Erzählung von seinem letzten Zusammensein mit seinen Jüngern, das der Erfüllung einer der heiligsten religiösen Pflichten gewidmet war: dem feierlichen Ostermahl, dem Gedächtnis an die Errettung aus der Knechtschaft Ägyptens. Und vielleicht gibt uns gerade dies Zusammensein den tiefsten Einblick in das Beten Christi und den Schlüssel zum Verständnis des Gebetes der Kirche.

«Während sie aber speisten, nahm Jesus das Brot, segnete und brach es, gab es seinen Jüngern und sprach: Nehmet hin und esset: dies ist mein Leib! Und er nahm den Kelch, dankte und gab ihnen denselben mit den Worten: Trinket alle daraus, denn dieses ist das Blut des Neuen Testaments, das für viele vergossen werden wird zur Vergebung der Sünden.» (Mt 26, 26–28).

Segnung und Verteilung von Brot und Wein gehörten zum Ritus des Ostermahls. Aber beides bekommt hier einen völlig neuen Sinn. Damit nimmt das Leben der Kirche seinen Anfang. Wohl wird sie erst am Pfingstfest als geisterfüllte und sichtbare Gemeinschaft öffentlich hervortreten. Aber hier beim Ostermahl erfolgt das Einsenken der Reben in den Weinstock, das die Geistausgießung möglich macht. Die alten Segenssprüche sind im Munde Jesu lebenschaffendes Wort geworden. Die Früchte der Erde sind sein Fleisch und Blut geworden, von seinem Leben erfüllt. Die sichtbare Schöpfung, in die er sich schon durch die Menschwerdung hineinbegab, ist nun auf eine neue, geheimnisvolle Weise mit ihm verbunden. Die Stoffe, die dem Aufbau des menschlichen Leibes dienen, sind von Grund auf umgewandelt, und durch ihren gläubigen Genuß werden auch die Menschen umgewandelt: in die Lebenseinheit mit Christus einbezogen und von seinem göttlichen Leben erfüllt. Die lebenschaffende Kraft des Wortes ist an das Opfer gebunden. Das Wort ist Fleisch geworden, um das Leben, das es annahm, hinzugeben; um sich selbst und die durch seine Selbsthingabe entsühnte Schöpfung dem Schöpfer als Lobopfer darzubringen. Durch das letzte Abendmahl des Herrn ist das Ostermahl des Alten Bundes übergeführt in das Ostermahl des Neuen Bundes: in das Kreuzopfer von Golgotha und jene Freudenmahle der Zeit zwischen Ostern und Himmelfahrt, bei denen die Jünger den Herrn am Brotbrechen erkannten, und in das Meßopfer.

Als der Herr den Kelch nahm, dankte er; wir können dabei an die Segensworte denken, die ja einen Dank an den Schöpfer enthalten. Wir wissen aber auch, daß Christus zu danken pflegte, wenn er vor einem Wunder die Augen zum Vater im Himmel erhob. Er dankt, weil er sich im voraus erhört weiß. Er dankt für die göttliche Kraft, die er in sich trägt und durch die er die Allmacht des Schöpfers vor den Augen der Menschen erweisen wird. Er dankt für das Werk der Erlösung, das er wirken darf, und durch dieses Werk, das ja selbst Verherrlichung der Dreifaltigen Gottheit ist, weil es ihr entstelltes Abbild in reiner Schönheit erneuert. So kann die ganze immerwährende Opferhingabe Christi – am Kreuz, in der Messe und in der ewigen Herrlichkeit des Himmels – als eine einzige große Danksagung – als Eucharistie – aufgefaßt werden: als Dank für die Schöpfung, Erlösung und Vollendung. Christus bringt sich selbst dar im Namen der geschaffenen Welt, deren Urbild er ist und in die er hinabgestiegen ist, um sie von innen heraus zu erneuern und zur Vollendung zu führen. Er ruft aber auch diese ganze geschaffene Welt auf,

selbst mit ihm vereint dem Schöpfer die Dankes-
huldigung dazubringen, die ihm gebührt.

Ein Verständnis für diesen eucharistischen Charakter des Gebetes war schon dem Alten Bunde
erschlossen: das Wundergebilde des Bundeszeltes
und später des salomonischen Tempels, wie er
nach göttlichen Weisungen errichtet war, wurde
als Abbild der ganzen Schöpfung betrachtet, die
sich in Anbetung und Dienst um ihren Herrn
schart. Das Zelt, um das sich das Volk Israel
während der Wüstenwanderung lagerte, hieß die
«Wohnung der Vergegenwärtigung Gottes»
(Ex 38, 21). Es wurde als «Untere Wohnung»
der «Oberen Wohnung» gegenübergestellt. «Ich
liebe den Ort Deines Hauses, Du, die Wohnstätte
Deiner Herrlichkeit», singt der Psalmist
(Ps 25, 8), weil das Bundeszelt «gleichgewertet
ist mit der Schöpfung der Welt». Wie nach dem
Schöpfungsbericht der Himmel gleich einem
Teppich ausgespannt wurde, so waren Teppiche
als Wände des Zeltes vorgeschrieben. Wie die
Wasser der Erde von den Wassern des Himmels
geschieden wurden, so schied der Vorhang das
Allerheiligste von den äußeren Räumen ab. Dem
Meer, das durch seine Küsten eingedämmt wur-
de, ist das «eherne» Meer nachgebildet. Für die
Leuchten des Himmels steht der siebenarmige
Leuchter im Zelt. Lämmer und Vögel vertreten
das Gewimmel lebender Wesen, das Wasser,
Erde und Luft bevölkert. Und wie die Erde den
Menschen übergeben wurde, so steht im Heilig-
tum der Hohepriester, «der gesalbt wurde, zu
wirken und zu dienen vor Gott». Die vollendete
Wohnung segnete, salbte und heiligte Moses, wie

der Herr am siebenten Tag das Werk seiner Hän-
de gesegnet und geheiligt hatte. Ein Zeugnis
Gottes auf Erden sollte seine Wohnung sein, wie
Himmel und Erde seine Zeugen sind
(Dtn 30, 19).

An Stelle des salomonischen Tempels hat Christus einen Tempel aus lebendigen Steinen erbaut,
die Gemeinschaft der Heiligen. In ihrer Mitte
steht er als der ewige Hohepriester, auf ihrem
Altar ist er das immerwährende Opfer. Und wiederum ist die ganze Schöpfung einbezogen in die
«Liturgie», den feierlichen Gottesdienst: Die
Früchte der Erde als die geheimnisvollen Opfer-
gaben, die Blumen und die Leuchter mit den
Lichtern, die Teppiche und der Vorhang, der
geweihte Priester und die Salbung und Segnung
des Gotteshauses. Auch die Cherubim fehlen
nicht. Von der Hand des Künstlers gebildet,
halten die sichtbaren Gestalten Wache zur Seite
des Allerheiligsten. Als ihre lebendigen Abbilder
umgeben die «engelähnlichen Mönche» den Op-
feraltar und sorgen dafür, daß das Gotteslob
nicht verstumme, wie im Himmel, so auch auf
Erden. Die feierlichen Gebete, die sie als der
tönende Mund der Kirche verrichten, umrahmen
das heilige Opfer, umrahmen auch und durch-
flechten und heiligen alles andere «Tagewerk»,
so daß aus Gebet und Arbeit ein einziges «opus
Dei», eine einzige «Liturgie» wird. Ihre Lesun-
gen aus der Heiligen Schrift und den Vätern, aus
den Gedenkbüchern der Kirche und den Lehr-
verkündigungen ihrer Hirten sind ein großer,
stets wachsender Lobgesang auf das Walten der
Vorsehung und die fortschreitende Verwirkli-

chung des ewigen Heilsplanes. Ihre morgendlichen Loblieder rufen die ganze Schöpfung wiederum zusammen, um sich im Preis des Herrn zu vereinen: die Berge und Hügel, die Flüsse und Ströme, Meere und Winde, Regen und Schnee, alle Völker der Erde, alle Stände und Geschlechter der Menschen, schließlich auch die Himmelsbewohner, die Engel und Heiligen: sie sollen also nicht durch ihre Abbilder von Menschenhand oder in Menschengestalt, sondern in eigener Person teilnehmen an der großen Eucharistie der Schöpfung – oder vielmehr, wir sollen uns durch unsere Liturgie mit ihrem ewigen Gotteslob verbinden.

Das hohepriesterliche Gebet Jesu
Aus: A 17,34 ff.

Nachdem er ihnen alles gesagt und getan hatte, was er ihnen sagen und tun konnte, erhob er die Augen zum Himmel und sprach in ihrer Gegenwart zum Vater (Joh 17). Wir nennen diese Worte das hohepriesterliche Gebet Jesu. Denn auch dieses einsame Sprechen mit Gott hat sein Vorbild im Alten Bunde.

Einmal im Jahre, am größten und heiligsten Tag des Jahres: am Versöhnungstag, trat der Hohepriester ins Allerheiligste, vor das Angesicht des Herrn, «um für sich und sein Haus und die ganze Gemeinde Israel zu beten» (Lev 16, 17), den Gnadenthron mit dem Blut des jungen Stieres und des Bockes zu besprengen, die er zuvor schlachten mußte, und so das Heiligtum von seinen und seines Hauses Sünden und «von den

Verunreinigungen der Söhne Israels und von ihren Übertretungen und von allen ihren Sünden zu entsühnen» (Lev 16, 16). Kein Mensch sollte im Zelt sein (d. h. im Heiligen, das vor dem Allerheiligsten lag), wenn der Hohepriester an diesen furchtbar erhabenen Ort der Gegenwart Gottes trat, den niemand außer ihm betrat und er selbst nur zu dieser Stunde; und auch jetzt mußte er Räucherwerk darbringen, «damit die Rauchwolke... den Spruchthron... verhülle und er nicht sterbe» (Lev 16, 13). In tiefstem Geheimnis vollzog sich diese einsame Zwiesprache.

Der Versöhnungstag ist das alttestamentliche Vorbild des Karfreitags. Der Widder, der für die Sünden des Volkes geschlachtet wurde, stellte das makellose Gotteslamm dar; (auch wohl jener andere, der – durch das Los bestimmt und mit den Sünden des Volkes beladen – in die Wüste hinausgetrieben wurde). Und der Hohepriester aus Aarons Geschlecht ist der Schatten des ewigen Hohenpriesters.

Wie Christus beim letzten Abendmahl den Opfertod vorausnahm, so nahm er auch das hohepriesterliche Gebet voraus. Er brauchte für sich kein Sündopfer darzubringen, denn er war ohne Sünde. Er brauchte nicht die gesetzlich vorgeschriebene Stunde abzuwarten und nicht das Allerheiligste des Tempels aufzusuchen: er steht immer und überall vor Gottes Angesicht, seine eigene Seele ist das Allerheiligste; sie ist nicht nur Gottes Wohnung, sondern wesenhaft, unslöslich mit Gott vereint. Er braucht sich vor dem Herrn nicht durch eine schützende Rauchwolke zu bergen: er schaut in das unverhüllte Antlitz des Ewigen und hat nichts zu fürchten; der Anblick des Vaters wird ihn nicht töten. Und er entsiegelt das Geheimnis des Hohenpriestertums: Alle die Seinen dürfen es hören, wie er im Allerheiligsten seines Herzens mit dem Vater spricht; sie sollen erfahren, worum es geht, und sollen lernen, in ihrem Herzen mit dem Vater zu sprechen. (Anm.: Da der mir vorgeschriebene Umfang der Abhandlung verbietet, das hohepriesterliche Gebet Jesu im Wortlaut hier anzuführen, muß ich die Leser bitten, an dieser Stelle das Johannesevangelium zur Hand zu nehmen und das 17. Kapitel nachzulesen.).

Das hohepriesterliche Gebet Jesu offenbart das Geheimnis des inneren Lebens: das Ineinander der göttlichen Personen und das Innewohnen Gottes in der Seele. In diesen geheimen Tiefen hat sich in Verborgenheit und Schweigen das Werk der Erlösung vorbereitet und vollzogen; und so wird es sich fortsetzen, bis am Ende der Zeiten wirklich alle zum Einssein vollendet sind.

Juxta Crucem tecum stare!

Edith Stein war keine Künstlerin, keine Dichterin. Wohl war ihr ein sicheres Sprachgefühl und eine große sprachliche Einfühlsamkeit eigen. Ihre Psalmen- und Hymnen-Übersetzungen sowie ihre selbständigen «Gedichte» wollen nicht als Kunstwerke angesehen sein, sondern lediglich als in gehobene Form gefaßte Gebete. Dies gilt auch für das folgende Gedicht, geschrieben am Karfreitag 1938, u. a. veröffentlicht in: B 1, 99 f.

Heut hab ich unterm Kreuz mit Dir gestanden
Und hab so deutlich wie noch nie empfunden,

Daß unterm Kreuz Du unsre Mutter worden.
Wie sorgt schon einer ird'schen Mutter Treue,
Des Sohnes letzten Willen zu erfüllen!
Du aber warst des Herren Magd.
Des menschgeword'nen Gottes Sein und Leben
War Deinem Sein und Leben restlos einge-
schrieben.
So hast die Deinen Du ins Herz genommen,
Und mit dem Herzblut Deiner bittern Schmerzen
Hast jeder Seele neues Leben Du erkauft.
Du kennst uns alle: uns're Wunden, uns're Schä-
den,
Kennst auch den Himmelsglanz, den Deines Soh-
nes Liebe
Um uns ergießen möchte in der ew'gen Klarheit.
So lenkst Du sorgsam uns're Schritte.
Kein Preis ist Dir zu hoch, um uns ans Ziel zu
führen.
Doch die Du auserwählst Dir zum Geleite,
Dich zu umgeben einst am ew'gen Thron,
Sie müssen hier mit Dir am Kreuze stehn,
Sie müssen mit dem Herzblut bitt'rer Schmerzen
Der teuren Seelen Himmelsglanz erkaufen,
Die ihnen Gottes Sohn als Erbe anvertraut.

Krippe und Kreuz

Aus einem Vortrag vom 31.1.1931, jetzt zugänglich in:
A 16, 11 ff.

Der Stern von Bethlehem ist ein Stern in dunkler
Nacht, auch heute noch. Schon am zweiten Tag
(des Weihnachtsfestes) legt die Kirche die weißen
Festgewänder ab und kleidet sich in die Farbe des
Blutes, und am vierten Tage in das Violett der

Trauer: Stephanus, der Erzmärtyrer, der als erster dem Herrn im Tode nachfolgte, und die Unschuldigen Kinder, die Säuglinge von Bethlehem und Juda, die von rohen Henkershänden grausam hingeschlachtet wurden, sie stehen als Gefolge um das Kind in der Krippe. Was will das sagen? Wo ist nun der Jubel der himmlischen Heerscharen, wo die stille Seligkeit der Heiligen Nacht? Wo ist der Friede auf Erden? Friede auf Erden denen, die guten Willens sind. Aber nicht alle sind guten Willens. Darum mußte der Sohn des Ewigen Vaters aus der Herrlichkeit des Himmels herabsteigen, weil das Geheimnis der Bosheit die Erde in Nacht gehüllt hatte. Finsternis bedeckte die Erde, und er kam als Licht, das in der Finsternis leuchtet, aber die Finsternis hat ihn nicht begriffen. Die ihn aufnahmen, denen brachte er das Licht und den Frieden; den Frieden mit dem Vater im Himmel, den Frieden mit allen, die gleich ihnen Kinder des Lichts und Kinder des Vaters im Himmel sind, und den tiefen inneren Herzensfrieden; aber nicht den Frieden mit den Kindern der Finsternis. Ihnen bringt der Friedensfürst nicht den Frieden, sondern das Schwert. Ihnen ist er der Stein des Anstoßes, gegen den sie anrennen und an dem sie zerschellen. Das ist eine schwere und ernste Wahrheit, die wir uns durch den poetischen Zauber des Kindes in der Krippe nicht verdecken lassen dürfen.

Das Geheimnis der Menschwerdung und das Geheimnis der Bosheit gehören eng zusammen. Gegen das Licht, das vom Himmel herabgekommen ist, sticht die Nacht der Sünde umso schwärzer und unheimlicher ab. Das Kind in der Krippe streckt die Hände aus, und sein Lächeln scheint schon zu sagen, was später die Lippen des Mannes gesprochen haben: «Kommt her zu mir alle, die ihr mühselig und beladen seid.» Und die seinem Ruf folgen, die armen Hirten, denen auf den Fluren von Bethlehem der Lichtglanz des Himmels und die Stimme des Engels die frohe Botschaft verkündeten, und die darauf ihr «Lasset uns nach Bethlehem gehen» sprachen und sich auf den Weg machten, die Könige, die aus fernem Morgenlande im gleichen schlichten Glauben dem wunderbaren Stern folgten, ihnen floß von den Kinderhänden der Tau der Gnade zu, und «sie freuten sich mit großer Freude.» Diese Hände geben und fordern zugleich: ihr Weisen, legt eure Weisheit nieder und werdet einfältig wie die Kinder; ihr Könige, gebt eure Kronen und eure Schätze und beugt euch in Demut vor dem König der Könige; nehmt ohne Zögern die Mühen und Leiden und Beschwerden auf euch, die sein Dienst erfordert. Ihr Kinder, die ihr noch nichts freiwillig geben könnt, euch nehmen die Kinderhände euer zartes Leben, ehe es noch recht begonnen hat: es kann nicht besser angewendet werden, als aufgeopfert zu werden für den Herrn des Lebens. «Folge mir», so sprachen die Kinderhände, wie später die Lippen des Mannes gesprochen haben. So sprachen sie zu dem Jünger, den der Herr liebhatte und der nun auch zu der Gefolgschaft an der Krippe gehört. Und der heilige Johannes folgte ohne zu fragen: Wohin? und Wozu? Er verließ des Vaters Schiff und ging dem Herrn nach auf allen seinen Wegen bis hinauf nach Golgotha.

«Folge mir» – das vernahm auch der Jüngling Stephanus. Er folgte dem Herrn zum Kampf gegen die Mächte der Finsternis, die Verblendung des hartnäckigen Unglaubens; er legte Zeugnis für ihn ab mit seinem Wort und seinem Blut; er folgte ihm auch in seinem Geist, dem Geist der Liebe, der die Sünde bekämpft, aber den Sünder liebt und noch im Tode für den Mörder vor Gott eintritt. Lichtgestalten sind es, die um die Krippe knien: die zarten Unschuldigen Kinder, die treuherzigen Hirten, die demütigen Könige, Stephanus, der begeisterte Jünger, und der Liebesapostel Johannes; sie alle folgen dem Ruf des Herrn. Ihnen gegenüber steht die Nacht der unbegreiflichen Verhärtung und Verblendung: die Schriftgelehrten, die Auskunft geben können über Zeit und Ort, da der Heiland der Welt geboren werden soll, die aber kein «Laßt uns nach Bethlehem gehen!» daraus ableiten; der König Herodes, der den Herrn des Lebens töten will. Vor dem Kind in der Krippe scheiden sich die Geister. Er ist der König der Könige und der Herr über Leben und Tod. Er spricht sein «Folge mir», und wer nicht für ihn ist, ist wider ihn. Er spricht es auch für uns und stellt uns vor die Entscheidung zwischen Licht und Finsternis.

Eins in Gott

Aus: A 16,16 f.

Ist Christus das Haupt, wir die Glieder im mystischen Leib, dann stehen wir zueinander wie Glied zu Glied, und wir Menschen miteinander sind eins in Gott, ein göttliches Leben. Wenn Gott in uns ist und wenn er die Liebe ist, so kann es nicht anders sein, als daß wir die Brüder lieben. Darum ist unsere Menschenliebe das Maß unserer Gottesliebe. Aber es ist eine andere als die natürliche Menschenliebe. Die natürliche Liebe gilt diesem oder jenem, der uns durch Bande des Blutes verbunden oder durch Verwandtschaft des Charakters oder gemeinsame Interessen nahesteht. Die andern sind «Fremde», die einen «nichts angehen», einem eventuell sogar durch ihr Wesen widerwärtig sind, so daß man sie sich möglichst weit vom Leibe hält. Für die Christen gibt es keine «fremden Menschen». Der ist jeweils der «Nächste», den wir vor uns haben und der unser am meisten bedarf; gleichgültig, ob er verwandt ist oder nicht, ob wir ihn «mögen» oder nicht, ob er der Hilfe «moralisch würdig» ist oder nicht. Die Liebe Christi kennt keine Grenzen, sie hört nimmer auf, sie schaudert nicht zurück vor Häßlichkeiten und Schmutz. Er ist um der Sünder willen gekommen und nicht um der Gerechten willen. Und wenn die Liebe Christi in uns lebt, dann machen wir es wie er und gehen den verlorenen Schafen nach.

Die natürliche Liebe geht darauf aus, den geliebten Menschen für sich zu haben und ihn möglichst ungeteilt zu besitzen. Christus ist gekommen, um die verlorene Menschheit für den Vater zurückzugewinnen, und wer mit seiner Liebe liebt, der will die Menschen für Gott und nicht für sich. Das ist freilich zugleich der sicherste Weg, um sie auf ewig zu besitzen; denn wenn wir einen Menschen in Gott geborgen haben, dann sind wir ja mit ihm in Gott eins, während die Sucht zu erobern oft – ja wohl früher oder später immer – zum Verlust führt. Es gilt für die fremde Seele wie für die eigene und für jedes äußere Gut: wer äußerlich darauf aus ist zu gewinnen und zu bewahren, der verliert. Wer an Gott hingibt, der gewinnt.

Gotteskind sein heißt: an Gottes Hand gehen

Aus: A 16,17 ff.

Gotteskind sein heißt: an Gottes Hand gehen, Gottes Willen, nicht den eigenen tun, alle Sorge und alle Hoffnung in Gottes Hand legen, nicht mehr um sich und seine Zukunft sorgen. Darauf beruht die Freiheit und Fröhlichkeit des Gotteskindes. Wie wenige auch von den wahrhaft Frommen, selbst heroisch Opferwilligen, besitzen sie! Sie gehen immer niedergebeugt unter der schweren Last ihrer Sorgen und Pflichten. Alle kennen das Gleichnis von den Vögeln unter dem Himmel und den Lilien auf dem Felde. Aber wenn sie einem Menschen begegnen, der kein Vermögen, keine Pension und keine Versicherung hat und doch unbekümmert um seine Zukunft lebt, dann schütteln sie den Kopf wie über etwas Ungewöhnliches. Freilich, wer vom Vater im Himmel erwartet, daß er ihm jederzeit für das Einkommen und die Lebensverhältnisse sorgen werde, die er für wünschenswert hält, der könnte sich schwer verrechnet haben. Nur dann wird das Gottvertrauen unerschüttert standhalten, wenn es die Bereitschaft einschließt, alles und jedes aus der Hand des Vaters entgegenzunehmen. Er allein weiß ja, was uns guttut. Und wenn einmal Not und Entbehrung angebrachter wären als behaglich gesichertes Auskommen oder Mißerfolg und Verdemütigung besser als Ehre und Ansehen, dann muß man sich auch dafür bereit halten. Tut man das, so kann man auch unbelastet durch die Zukunft der Gegenwart leben.

Das «Dein Wille geschehe!» in seinem vollen Ausmaß muß die Richtschnur des Christenlebens sein. Es muß den Tageslauf vom Morgen bis zum Abend, den Gang des Jahres und das ganze Leben regeln. Es wird dann auch des Christen einzige Sorge sein. Alle anderen Sorgen nimmt der Herr auf sich. Diese eine aber bleibt uns, solange wir leben. Es ist objektiv so, daß wir nicht endgültig versichert sind, immer auf Gottes Wegen zu bleiben. Wie die ersten Menschen aus der Gotteskindschaft in die Gottesferne fallen konnten, so steht jeder von uns immer auf des Messers Schneide zwischen dem Nichts und der Fülle des göttlichen Lebens. Und früher oder später wird uns das auch subjektiv fühlbar. In den Kindertagen des geistlichen Lebens, wenn wir eben angefangen haben, uns Gottes Führung zu überlassen, da fühlen wir die leitende Hand ganz stark und fest; sonnenhell liegt es vor uns, was wir zu tun und zu lassen haben. Aber das bleibt nicht immer so. Wer Christus angehört, der muß das ganze Christusleben durchleben. Er muß zum Mannesalter Christi heranreifen, er muß einmal den Kreuzweg antreten, nach Gethsemane und Golgotha. Und alle Leiden, die von außen kommen, sind nichts im Vergleich zu der dunklen Nacht der Seele, wenn das göttliche Licht nicht mehr leuchtet und die Stimme des Herrn nicht mehr spricht. Gott ist da, aber er ist verborgen und schweigt. Warum das so ist? Es sind Gottes Geheimnisse, von denen wir sprechen, und die lassen sich nicht restlos durchdringen. Aber ein wenig hineinschauen können wir schon. Gott ist Mensch geworden, um uns aufs neue teilhaben zu lassen an seinem Leben. Damit beginnt es, und das ist das letzte Ziel.

Aber dazwischen liegt noch etwas anderes. Christus ist Gott und Mensch, und wer sein Leben teilen will, muß am göttlichen und am menschlichen Leben Anteil haben. Die menschliche Natur, die er annahm, gab ihm die Möglichkeit, zu leiden und zu sterben. Die göttliche Natur, die er von Ewigkeit besaß, gab dem Leiden und Sterben unendlichen Wert und erlösende Kraft. Christi Leiden und Tod setzen sich fort in seinem mystischen Leibe und in jedem seiner Glieder. Leiden und sterben muß jeder Mensch. Aber wenn er lebendiges Glied am Leibe Christi ist, dann bekommt sein Leiden und Sterben durch die Gottheit des Hauptes erlösende Kraft. Das ist der objektive Grund, warum alle Heiligen nach Leiden verlangt haben. Das ist keine krankhafte Lust am Leiden. Den Augen des natürlichen Verstandes erscheint es zwar als Perversion. Im Licht des Erlösungsgeheimnisses erweist es sich jedoch als höchste Vernunft. Und so wird der Christus-Verbundene auch in der dunklen Nacht der subjektiven Gottferne und -verlassenheit unerschüttert ausharren; vielleicht setzt die göttliche Voraussicht seine Qual ein, um einen objektiv Gefesselten zu befreien. Darum: «Dein Wille geschehe!» auch und gerade darum in dunkelster Nacht.

Eucharistisch leben

Sehr oft geht Edith Stein sowohl in ihren geistlichen Schriften wie in ihren Briefen auf das Thema der eucharistischen Frömmigkeit ein. Angesichts ihrer persönlichen Lebenspraxis kann das in keiner Weise verwundern. – Der folgende Text ist ein Abschnitt aus: A 16, 21 ff.

«Und das Wort ist Fleisch geworden.» Das ist Wahrheit geworden im Stall von Bethlehem. Aber es hat sich noch erfüllt in einer anderen Form. «Wer mein Fleisch ißt und mein Blut trinkt, der hat das ewige Leben.» Der Herr, der weiß, daß wir Menschen sind und Menschen bleiben, die täglich mit Schwächen zu kämpfen haben, kommt unserer Menschheit auf wahrhaft göttliche Weise zu Hilfe. Wie der irdische Leib des täglichen Brotes bedarf, so verlangt auch das göttliche Leben in uns nach dauernder Ernährung. «Dieses ist das lebendige Brot, das vom Himmel herabgekommen ist.» Wer es wahrhaft zu seinem täglichen Brot macht, in dem vollzieht sich täglich das Weihnachtsgeheimnis, die Menschwerdung des Wortes. Und das ist wohl der sicherste Weg, das Einssein mit Gott dauernd zu erhalten, mit jedem Tag fester und tiefer in den mystischen Leib Christi hineinzuwachsen. Ich weiß wohl, daß das vielen als ein allzu radikales Verlangen erscheinen wird. Praktisch bedeutet es für die meisten, wenn sie es neu beginnen, eine Umstellung des gesamten äußeren und inneren Lebens. Aber das soll es ja gerade! In unserem Leben soll Raum geschaffen werden für den eucharistischen Heiland, damit er unser Leben in sein Leben umformen kann. Ist das zuviel verlangt? Man hat für so viele nutzlose Dinge Zeit: allerhand unnützes Zeug aus Büchern, Zeitschriften und Zeitungen zusammenzulesen, in Cafés herumzusitzen und auf der Straße viertel und halbe Stunden zu verschwatzen: alles «Zerstreuungen», in denen man Zeit und Kraft splitterweise verschleudert. Sollte es wirklich nicht möglich sein, eine Morgenstunde herauszusparen, in der man sich nicht zerstreut, sondern sammelt, in der man sich nicht verbraucht, sondern Kraft gewinnt, um den ganzen Tag damit zu bestreiten?

Aber freilich, es ist mehr erforderlich als die eine Stunde. Man muß von einer solchen Stunde zur anderen so leben, daß man wiederkommen darf. Es ist nicht mehr möglich, «sich gehenzulassen», wenn auch nur zeitweise. Mit wem man täglich umgeht, dessen Urteil kann man sich nicht entziehen. Selbst wenn kein Wort gesagt wird, fühlt man, wie die anderen zu einem stehen. Man wird versuchen, sich der Umgebung anzupassen, und wenn es nicht möglich ist, wird das Zusammenleben zur Qual. So geht es auch im täglichen Verkehr mit dem Herrn. Man wird immer feinfühliger für das, was ihm gefällt und mißfällt. Wenn man vorher im großen und ganzen zufrieden mit sich war, so wird das jetzt anders werden. Man wird vieles finden, was böse ist, und wird es ändern, soweit man es vermag. Und manches wird man entdecken, was man nicht schön und gut finden kann und was doch so schwer zu ändern ist. Da wird man allmählich sehr klein und demütig, wird geduldig und nachsichtig gegen die Splitter in fremden Augen, weil einem der Balken im eigenen zu schaffen macht; und man lernt schließlich auch, sich selbst in dem unerbittlichen Licht der göttlichen Gegenwart zu ertragen und sich der göttlichen Barmherzigkeit zu überlassen, die mit alldem fertig werden kann, was unserer Kraft spottet. Es ist ein weiter Weg von der Selbstzufriedenheit eines «guten Katholiken», der «seine Pflichten erfüllt», eine «gute Zeitung» liest, «richtig wählt» usw., im übrigen aber tut, was ihm beliebt, bis zu einem Leben an Gottes Hand und aus Gottes Hand, in der Einfalt des Kindes und der Demut des Zöllners. Aber wer ihn einmal gegangen ist, wird ihn nicht wieder zurückgehen.

So besagt Gotteskindschaft: Kleinwerden und zugleich: Großwerden. Eucharistisch leben heißt, ganz von selbst aus der Enge des eigenen Lebens herausgehen und in die Weite des Christuslebens hineinwachsen. Wer den Herrn in seinem Hause aufsucht, wird ihn nicht nur immer mit sich selbst und seinen Angelegenheiten beschäftigen wollen. Er wird anfangen, sich für die Angelegenheiten des Herrn zu interessieren. Die Teilnahme am täglichen Opfer zieht uns unwillkürlich in das liturgische Leben hinein. Die Gebete und die Gebräuche des Altardienstes führen uns im Kreislauf des Kirchenjahres die Heilsgeschichte immer wieder vor die Seele und lassen uns immer tiefer in ihren Sinn eindringen. Und die Opferhandlung prägt uns immer wieder das Zentralgeheimnis unseres Glaubens ein, den Angelpunkt der Weltgeschichte: das Geheimnis der Menschwerdung und Erlösung. Wer könnte mit empfänglichem Geist und Herzen dem heiligen Opfer beiwohnen, ohne selbst von der Opfergesinnung erfaßt zu werden, ohne von dem Verlangen ergriffen zu werden, daß er selbst und sein kleines persönliches Leben aufgehe im großen Werk des Erlösers. Die Mysterien des Christentums sind ein unteilbares Ganzes. Wenn man sich in eines vertieft, wird man zu allen anderen hingeführt. So führt der Weg von Bethlehem unaufhaltsam nach Golgotha, von der Krippe zum Kreuz. Als die Jungfrau Maria das Kind zum Tempel hintrug, da ward ihr geweissagt, daß ihre Seele ein Schwert durchdringen werde, daß dieses Kind gesetzt sei zum Fall und zur Auferstehung vieler, zum Zeichen, dem man widersprechen würde. Es ist die Ankündigung des Leidens, des Kampfes zwischen Licht und Finsternis, der sich schon an der Krippe zeigte!

In manchen Jahren fallen Lichtmeß und Septuaginta fast zusammen, die Feier der Menschwerdung und die Vorbereitung auf die Passion. In der Nacht der Sünde strahlt der Stern von Bethlehem auf. Auf den Lichtglanz, der von der Krippe ausgeht, fällt der Schatten des Kreuzes. Das Licht erlischt im Dunkel des Karfreitags, aber es steigt strahlender auf als Gnadensonne am Auferstehungsmorgen. Durch Kreuz und Leiden zur Herrlichkeit der Auferstehung war der Weg des fleischgewordenen Gottessohnes. Mit dem Menschensohn durch Leiden und Tod zur Herrlichkeit der Auferstehung zu gelangen, ist der Weg für jeden von uns, für die ganze Menschheit.

Als junge Karmelitin verfaßte Edith Stein eine kleine Studie über die hl. Teresa von Avila, die als Ordensgründerin und -mutter verehrte große Reformatorin des Karmel. Die Lektüre ihrer Selbstbiografie hatte ihr selbst den endgültigen Durchbruch zum Glauben geschenkt. In der Porträtstudie über Teresa finden wir die folgenden Ausführungen über das Gebet und seine Stufen, die in einer kurzen Darstellung der mystischen Begnadung gipfeln (siehe den nächsten Text!). Das kurze Lebensbild ist jetzt am leichtesten zugänglich in: A 20, 92 f.

Das Gebet ist der Verkehr der Seele mit Gott. Gott ist die Liebe, und die Liebe ist sich selbst verschenkende Güte; eine Seinsfülle, die nicht in sich selbst beschlossen bleibt, sondern sich andern mitteilen, andere mit sich beschenken und beglücken will. Dieser sich selbst ausspendenden Gottesliebe verdankt die Schöpfung ihr Dasein. Das Gebet ist die höchste Leistung, deren der Menschengeist fähig ist. Aber es ist nicht allein menschliche Leistung. Das Gebet ist eine Jakobsleiter, auf der des Menschen Geist empor- und Gottes Gnade zum Menschen herabsteigt. Die Stufen des Gebets unterscheiden sich nach dem Maß des Anteils, den die natürlichen Kräfte der Seele und Gottes Gnade daran haben. Wo die Seele nicht mehr mit ihren Kräften tätig ist, sondern nur noch ein Gefäß, das die Gnade in sich empfängt, spricht man von mystischem Gebetsleben.

Als erste Stufe wird das sogenannte mündliche Gebet bezeichnet, das Gebet, das sich an bestimmt festgelegte sprachliche Formen hält: das Vaterunser, das Ave Maria, der Rosenkranz, das kirchliche Stundengebet. Das «mündliche» Gebet ist natürlich nicht so zu verstehen, als bestünde es nur im Hersagen der Worte. Wo nur Gebetsworte gesprochen werden, ohne daß der Geist sich zu Gott erhebt, da liegt nur dem äußeren Scheine nach, nicht in Wahrheit ein Gebet vor. Die bestimmten Worte sind aber eine Stütze für den Geist und schreiben ihm einen festen Weg vor.

Eine Stufe höher steht das betrachtende Gebet. Hier bewegt sich der Geist freier, ohne Bindung an bestimmte Worte. Er versenkt sich z. B. in das Geheimnis der Geburt Jesu. Seine Phantasie versetzt ihn in die Höhle zu Bethlehem, zeigt ihm das Kind in der Krippe, die Eltern, die Hirten und Könige. Der Verstand erwägt die Größe des göttlichen Erbarmens, das Gemüt wird von Liebe und Dankbarkeit ergriffen, der Wille faßt Entschlüsse, sich der göttlichen Liebe würdiger zu machen. So nimmt das betrachtende Gebet alle Seelenkräfte in Anspruch, und, mit treuer Beharrlichkeit geübt, vermag es allmählich den ganzen Menschen umzugestalten. Es pflegt aber Gott die Treue im betrachtenden Gebet noch auf eine andere Weise zu vergelten, durch Erhebung zu einer höheren Gebetsweise.

Die heilige Teresa bezeichnet diese nächste Stufe als das Gebet der Ruhe oder der Einfachheit. An Stelle der mannigfaltigen Tätigkeit tritt eine Sammlung der Geisteskräfte. Die Seele ist nicht mehr imstande, verstandesmäßige Überlegungen anzustellen oder bestimmte Entschlüsse zu fassen; sie ist ganz und gar gefangen von etwas, was sich ihr unwiderstehlich aufdrängt; das ist die

Gegenwart ihres Gottes, der ihr nahe ist und sie bei sich ruhen läßt.

Während die einfacheren Gebetsstufen jedem zugänglich, durch menschliche Anstrengung, wenn auch mit der Gnade Gottes erreichbar sind, stehen wir jetzt an der Grenze des mystischen Gnadenlebens, die nicht kraft menschlicher Energie zu überschreiten ist, über die nur Gottes besondere Gnade hinweghebt.

Mystisches Gnadenleben

Für Edith Stein beginnt das eigentlich mystische Gnadenleben auf einer Gebetsstufe, die nicht mehr durch menschliche Bemühung, sondern nur durch besondere Gnadeneinwirkung Gottes erreicht werden kann; vgl. den letzten Absatz des Textes über «Gebet und Gebetsstufen». – Vieles spricht recht eindeutig dafür, daß Edith Stein selber mystische Begnadung im eigentlichen und strengen Wortsinn erfahren hat. So bezeugen es u. a. Abt Raphael Walzer, ihr Seelenführer; H. Graef in ihrer Biografie (s. S. 179); mehrere ihrer Mitschwestern. Vor allem die unbestechliche Klarheit und Sicherheit, beinahe Selbstverständlichkeit, mit der sie über diese Fragen spricht, so sehr ausführlich in «Kreuzeswissenschaft», doch zumal auch in dem folgenden kurzen Text, mögen als zuverlässiges Anzeichen dafür gelten, daß sie aus persönlicher Erfahrung spricht, auch wenn sie das niemals ausdrücklich sagt. Der hier vorgelegte Text mutet im übrigen an, wie wenn sie selber ihre letzten Lebenstage beschriebe. Der Text stammt aus: A 20, 93 ff.

Während die einfacheren Gebetsstufen jedem zugänglich, durch menschliche Antrengung, wenn auch mit der Gnade Gottes, erreichbar sind, stehen wir jetzt an der Grenze des mystischen Gnadenlebens, die nicht kraft menschlicher Energie zu überschreiten ist, über die nur Gottes besondere Gnade hinweghebt.

Ist schon die Wahrnehmung der göttlichen Gegenwart etwas, was den Menschen ganz gefangennimmt und mit allen irdischen Freuden beglückt, so wird sie noch übertroffen von der Vereinigung mit dem Herrn, die ihm – anfangs gewöhnlich nur für sehr kurze Zeit – gewährt wird.

An diese Stufe der mystischen Begnadung schließen sich vielfach Zustände, die auch nach außen hin als außerordentlich kenntlich sind: die Ekstasen und Visionen. Die Kraft der Seele wird durch die übernatürlichen Einwirkungen so angezogen, daß ihre anderen Vermögen, die Sinne, ihre Tätigkeit ganz einstellen: sie sieht und hört nichts mehr, der Leib empfindet bei Verletzungen keinen Schmerz mehr, wird in manchen Fällen starr wie der eines Toten. Die Seele aber führt – gleichsam außerhalb des Leibes – ein gesteigertes Leben: bald zeigt sich ihr der Herr selbst in leiblicher Gestalt, bald die Gottesmutter, ein Engel oder Heiliger. Sie schaut diese Gestalten wie in leibhafter Wahrnehmung oder auch in der Einbildungskraft. Oder ihr Verstand wird übernatürlich erleuchtet und bekommt Einblick in verborgene Wahrheiten. Solche private Offenbarungen haben meist die Aufgabe, die Menschen über ihren eigenen Zustand oder auch den anderer zu unterrichten, sie mit den Absichten Gottes vertraut zu machen und sie für eine bestimmte Wirksamkeit, für die Gott sie ausersehen hat, heranzubilden. Sie fehlen selten im Leben der

Heiligen, obwohl sie keineswegs zum Wesen der Heiligkeit gehören. Meistens treten sie nur in einem bestimmten Stadium auf und verschwinden später wieder.

Die Beter, die durch häufigere zeitweilige Vereinigung mit dem Herrn, durch Erleuchtungen und durch Leiden und Prüfungen mannigfacher Art genügend vorbereitet und erprobt sind, will Gott schließlich dauernd an sich binden. Er geht ein Bündnis mit ihnen ein, das als mystische Verlobung bezeichnet wird. Er erwartet von ihnen, daß sie sich ganz seinem Dienst widmen, nimmt sich aber auch ihrer besonders an, sorgt für sie und ist stets bereit, ihren Bitten Erhörung zu gewähren.

Die höchste Stufe der Begnadung schließlich hat Teresa mystische Vermählung genannt. Die außerordentlichen Zustände haben jetzt aufgehört, aber die Seele ist dauernd mit dem Herrn vereinigt; sie genießt seine Gegenwart auch mitten in äußeren Geschäften, ohne darin im mindesten behindert zu sein.

Die Gottverlassenheit Jesu

Wer es unternimmt, Leben und Lehre des hl. Johannes vom Kreuz als Einheit darzustellen, kommt nicht umhin, sich mit dem zentralen Thema der mystischen Theologie des Kirchenlehrers zu befassen: der «Dunklen Nacht» der Sinne und des Geistes. So tut es Edith Stein in «Kreuzeswissenschaft», ihrem allerletzten Werk, das hinter dem Vorhang der objektiven, historisch getreuen Wiedergabe und Exegese ungemein viel Autobiografisches verbirgt; denn ihr ist «Kreuzeswissenschaft» nicht nur eine theologische Theorie, sondern als «Kreuzesschule» der Weg, den sie selbst gegangen ist. Fast dauernd fließen daher objektive Darstellung des Johannes vom Kreuz und Bezeugung der eigenen persönlichen Erfahrungen ineinander. – Der folgende Text aus: A 1, 55.

Christus ist unser Weg. Alles kommt darauf an zu verstehen, wie wir nach dem Vorbild Christi wandeln sollen. «Zum ersten: Es ist unbestritten, daß Er starb: geistig verstanden während seines ganzen Lebens für alles Sinnliche, und natürlich verstanden bei seinem Tod. Er hatte ja, wie Er selber sagt, im Leben nichts, wo Er Sein Haupt hinlegen konnte (Mt 8, 20). Im Tode hatte Er noch weniger. Zum zweiten: Es ist sicher, daß Er im Augenblick des Todes in Seinem Innersten völlig verlassen, ja wie vernichtet war, da Ihn der Vater ohne jeden Trost und ohne jede Erleichterung, also in äußerster Trockenheit ließ. Darum mußte Er am Kreuz ausrufen: «Mein Gott, mein Gott, warum hast Du mich verlassen?» (Mt 27, 46). Dies war wohl die größte Verlassenheit, die Er mit Seinen Sinnen im Leben auszuhalten hatte. Aber gerade damals vollbrachte Er auch ein größeres Werk als während Seines ganzen Lebens mit all den Zeichen und Wundern ... : die gnadenvolle Versöhnung und Vereinigung des Menschengeschlechtes mit Gott. Und das geschah in dem Augenblick, als der Herr in allem am meisten vernichtet war ... : in der Achtung der Menschen, denn als sie Ihn am Kreuze sterben sahen, verspotteten sie Ihn; der Natur nach, denn sie wurde durch den Tod völlig zunichte; in der Hilfe und dem Trost von seiten des Vaters, denn in jenem Zeitpunkt ließ er Ihn ja ganz ohne Hilfe, damit Er völlig entäußert und gleichsam vernichtet, wie aufgelöst in Nichts, die Schuld tilge und den Menschen mit Gott vereine. Daraus möge eine wahrhaft geistliche Seele das Geheimnis von Christus als der Tür und dem Weg der Vereinigung mit Gott verstehen lernen und so einsehen, daß sie sich umso inniger mit Gott vereint und ein umso größeres Werk vollbringt, je mehr sie sich um Gottes willen im Sinnlichen wie Geistigen selber vernichtet. Und wenn sie in tiefster Erniedrigung zur Auflösung in Nichts gelangt, dann kommt die geistige Vereinigung der Seele mit Gott zustande, die höchste Stufe, welche die Seele hienieden erreichen kann. Diese besteht also nicht in geistigen Erquickungen und Wonnen und Empfindungen, sondern in einem Kreuzestod bei lebendigem Leibe, im Sinnlichen wie im Geistigen, äußerlich wie innerlich.» (Aufstieg zum Berg Karmel, B. II Kap. 6).

Glaube und Beschauung

In der Schule der mystischen Kirchenlehrer Johannes vom Kreuz und Teresa von Avila unterrichtet, noch besser und zuverlässiger aber belehrt durch die eigenen mystischen Erlebnisse und Erfahrungen, ist Edith Stein in besonderer Weise qualifiziert, über die notwendigen Unterscheidungen im mystischen Gnadenleben Auskunft und Belehrung zu geben. Auf Schritt und Tritt durchdringen sich in «Kreuzeswissenschaft» historische Darstellung, theologische Deutung und persönliches Zeugnis. Der folgende lehrreiche Text: A 1, 162–165.

Glauben wird der Inhalt der göttlichen Offenbarung und das Annehmen dieses Glaubensinhaltes genannt, schließlich die liebende Hingabe an Gott, von dem die Offenbarung spricht und dem wir sie verdanken. Der Glaubensinhalt liefert den Stoff für die Betrachtung: die Betätigung der seelischen Kräfte an dem, was wir gläubig hingenommen haben, in bildhafter Vergegenwärtigung, verstandesmäßigem Nachsinnen und Willensstellungnahme. Als Frucht der Betrachtung wird ein bleibender Zustand liebender Erkenntnis gewonnen. Die Seele verweilt nun in ruhiger, friedlicher, liebender Hingabe in der Gegenwart Gottes, den sie durch den Glauben kennengelernt hat, ohne eine einzelne Glaubenswahrheit zu betrachten. Als Frucht der Betrachtung ist dies *erworbene Beschauung*. Ihrem Erlebnisgehalt nach ist sie nicht unterschieden vom Glauben im dritten Sinn: dem *credere in Deum*, dem gläubigen und liebenden Hineingehen in Gott. Aber meistens hat Johannes vom Kreuz etwas anderes im Auge, wenn er von Beschauung spricht. Gott kann der Seele ein dunkles, liebendes Erkennen Seiner selbst auch ohne vorausgehende Übung der Betrachtung schenken. Er kann sie plötzlich in den Zustand der Beschauung und Liebe versetzen, ihr die Beschauung *eingießen*. Auch das wird nicht ohne Beziehung zum Glauben geschehen. In der Regel wird es Seelen zuteilwerden, die durch lebendigen Glauben und ein Leben aus dem Glauben dafür vorbereitet sind. Sollte aber einmal ein Ungläubiger davon ergriffen werden, so würde ihm doch die bisher nicht angenommene Glaubenslehre zu der Erkenntnis verhelfen, von wem er ergriffen wird. Und auch die treu liebende Seele wird aus dem Dunkel der

Beschauung immer wieder zur sicheren Klarheit der Glaubenslehren ihre Zuflucht nehmen, um von daher zu verstehen, was ihr begegnet. Was ihr aber begegnet, das ist trotz aller Übereinstimmung etwas grundsätzlich anderes als die *erworbene Beschauung* und die Hingabe an Gott im bloßen Glauben, deren Erlebnisgehalt sich mit dem der erworbenen Beschauung deckt. Das Neue ist das Ergriffenwerden von dem früher gegenwärtigen Gott oder – in jenen Erlebnissen der *Dunklen Nacht*, in denen die Seele dieser fühlbaren Gegenwart beraubt ist – die schmerzliche Liebeswunde und das sehnliche Verlangen, die zurückbleiben, wenn Gott sich der Seele entzieht. Beides sind mystische Erfahrungen, begründet in jener Art des Innewohnens, die eine Berührung von Person zu Person im Innersten der Seele ist. Der Glaube dagegen und alles, was zum Glaubensleben gehört, beruhen auf dem gnadenhaften Innewohnen.

Der Gegensatz von fühlbarer Gegenwart und fühlbarem Entzogensein in der mystischen Beschauung weist noch auf etwas anderes hin, was zur Abgrenzung gegenüber dem Glauben dienen kann. Der Glaube ist in erster Linie Sache des Verstandes. Wenn auch in der *Annahme* des Glaubens eine Beteiligung des Willens zum Ausdruck kommt, so ist es doch die Annahme einer Erkenntnis. Die *Dunkelheit* des Glaubens bezeichnet eine Eigentümlichkeit dieser Erkenntnis. Die Beschauung ist Sache des Herzens, d. h. des Innersten der Seele, und darum aller Kräfte. Die Gegenwart und die scheinbare Abwesenheit Gottes werden im Herzen gespürt – beseligend oder in schmerzlicher Sehnsucht. Hier am Innersten, wo sie ganz bei sich selbst ist, spürt die Seele aber auch sich selbst und ihre Verfassung; (Anm.: Dieses *Sichspüren* ist etwas anderes als die einfache Selbsterkenntnis, die die hl. Mutter in der *Seelenburg* schon der 1. Wohnung zuweist. Es ist ein *Innewerden* seiner selbst, ohne sich selbst gegenüberzutreten. Dabei bleibt das eigene Wesen geheimnisvoll, ebenso wie die Gegenwart Gottes darin. Das *Innerste* wird hier nicht eingeschränkt auf die 7. Wohnung, wo die Vermählung stattfindet, sondern für den ganzen Bereich des mystischen Geschehens genommen.) und solange sie nicht völlig gereinigt ist, fühlt sie sie peinigend als Gegensatz zur erlebten Heiligkeit des gegenwärtigen Gottes. So bezeichnet die *Nacht* der Beschauung nicht nur Dunkelheit der Erkenntnis, sondern Finsternis der Unreinheit und reinigende Qual.

Im Glauben und in der Beschauung wird die Seele von Gott ergriffen. Das Annehmen der offenbarten Wahrheiten geschieht nicht einfach durch natürlichen Willensentschluß. Die Glaubensbotschaft kommt zu vielen, die sie nicht annehmen. Es können dabei natürliche Beweggründe mitsprechen, aber es gibt auch Fälle, in denen ein geheimnisvolles Nicht-können zugrunde liegt: die Gnadenstunde ist noch nicht gekommen. Das gnadenhafte Innewohnen hat noch nicht eingesetzt. In der Beschauung aber begegnet die Seele Gott selbst, der sie ergreift.

Gott ist die Liebe. Darum ist das Ergriffenwerden von Gott Entzündetwerden in Liebe – wenn der Geist dazu bereit ist. Für alles, was endlich ist, ist die ewige Liebe verzehrendes Feuer. Und das sind alle Bewegungen, die durch die Geschöpfe in der Seele ausgelöst werden. Wendet sie sich den Geschöpfen zu, dann entzieht sie sich der göttlichen Liebe, kann ihr aber nicht entgehen. Dann wird die Liebe für sie selbst verzehrendes Feuer. Der Menschengeist als Geist ist auf unvergängliches Sein entworfen. Das kündigt sich an in der Unwandelbarkeit, die er seinen eigenen Zuständen zuschreibt: daß er meint, so wie es jeweils um ihn bestellt ist, müßte es immer bleiben. Das ist eine Täuschung, denn in seinem zeitlichen Sein ist er dem Wandel unterworfen. Aber es spricht daraus das Bewußtsein davon, daß sein Sein nicht in Zeitlichkeit aufgeht, sondern im Ewigen wurzelt. Seiner Natur nach kann er nicht zerfallen wie stoffliche Gebilde. Aber wenn er sich in freier Hingabe im Zeitlichen befestigt, dann bekommt er die Hand des lebendigen Gottes zu spüren, der ihn kraft Seiner Allmacht vernichten, durch das rächende Feuer der verschmähten göttlichen Liebe verzehren oder im ewigen Verzehrtwerden erhalten kann wie die gefallenen Engel. Dieser zweite und eigentlichste Tod wäre unser aller Los, wenn nicht Christus mit Seinem Leiden und Sterben zwischen uns und die göttliche Gerechtigkeit träte und der Barmherzigkeit einen Weg eröffnete.

In Christus war durch Seine Natur und durch Seine freie Entscheidung nichts, was der Liebe widerstand. Er lebte jeden Augenblick Seines Daseins in der restlosen Hingabe an die göttliche Liebe. Aber Er hatte in der Menschwerdung die ganze Sündenlast der Menschheit auf sich genommen, sie mit Seiner erbarmenden Liebe umfaßt und in Seine Seele geborgen; im *Ecce venio*, womit Er Sein irdisches Leben begann, und ausdrücklich erneut in Seiner Taufe und im *Fiat!* von Gethsemani. So vollzog sich der sühnende Brand in Seinem Innern, in Seinem ganzen, lebenslangen Leiden, in der schärfsten Form aber im Ölgarten und am Kreuz, weil hier die spürbare Seligkeit der unaufhebbaren Vereinigung aufhörte, um Ihn ganz dem Leiden preiszugeben und dies Leiden zum Erlebnis der äußersten Gottverlassenheit werden zu lassen. Im *Consummatum est* wird das Ende des sühnenden Brandes verkündigt und im *Pater, in manus tuas commendo spiritum meum* die endgültige Rückkehr in die ewige, ungetrübte Liebesvereinigung.

Im Leiden und Sterben Christi sind unsere Sünden vom Feuer verzehrt worden. Wenn wir das im Glauben annehmen und wenn wir in gläubiger Hingabe den ganzen Christus annehmen, d. h. aber, daß wir den Weg der Nachfolge Christi wählen und gehen, dann führt Er uns «durch Sein Leiden und Kreuz zur Herrlichkeit der Auferstehung». Genau das ist es, was in der Beschauung erfahren wird: das Hindurchgehen durch den sühnenden Brand zur seligen Liebesvereinigung. Daraus erklärt sich ihr zwiespältiger Charakter. Sie ist Tod und Auferstehung. Nach der *Dunklen Nacht* strahlt die *Lebendige Liebesflamme* auf.

Für das gesamte Spätwerk «Kreuzeswissenschaft» gilt: In die um historische Treue und objektive Wahrheit bemühte Darstellung mischt sich, gewollt oder ungewollt, die persönliche Erfahrung der Verfasserin; sie weist selbst darauf hin: Vorwort, S. 1. Für den Leser freilich ist es unmöglich, diesen ganz persönlichen Anteil genau abzugrenzen, aber er sollte sich stets gegenwärtig halten, daß Edith Stein wahrhaft «weiß», wovon sie spricht. – Der folgende Text: A 1, 24 f.

Wehrlos ausgeliefert sein an die Bosheit erbitterter Feinde, gepeinigt an Leib und Seele, abgeschnitten von allem menschlichen Trost und auch von den Kraftquellen kirchlich-sakramentalen Lebens – konnte es noch eine härtere Kreuzesschule geben? Und doch war das noch nicht das tiefste Leiden. All das konnte ihn ja nicht von dem dreifaltigen Urquell trennen, dessen er im Glauben gewiß war. Sein Geist war nicht in den Kerker eingeschlossen, er konnte sich zu jenem ewig-fließenden Quell erheben, sich in seine unergründliche Tiefe versenken, in die Flut, die alles Geschaffene erfüllt, auch das eigene Herz. Keine menschliche Macht konnte ihn von seinem Gott trennen – aber Gott selbst konnte sich ihm entziehen. Und diese dunkelste Nacht hat der Gefangene hier im Kerker erfahren.

A donde te escondiste
Amado, y me dejaste con gemido?
Wo hast Du Dich verborgen,
Geliebter, der zurückließ mich in Tränen!

Dieser Schmerzensruf der Seele ist im Kerker zu Toledo erklungen. Wir haben kein Zeugnis darüber, wann Johannes zuerst die Süßigkeit der Gottesnähe kennen gelernt hat. Aber alles weist darauf hin, daß das mystische Gebetsleben bei ihm sehr früh begonnen haben muß. Um frei zu sein für Gott, hatte er sich von seinen Lieben getrennt, dann die Studienlaufbahn aufgegeben und sein Heimatkloster verlassen. Andere Seelen freizumachen für Gott und auf den Weg der Vereinigung zu führen, das war sein Amt in Avila, dem galt seine ganze Wirksamkeit im Orden. Für dieses Ideal der Reform ertrug er die Leiden der Kerkerhaft. Freudig nahm er alle Kränkungen und Mißhandlungen hin um seines geliebten Herrn willen. Und nun schien das süße Licht in seinem Herzen zu erlöschen – Gott ließ ihn allein. Das war das tiefste Leiden, dem kein irdisches Leid sich vergleichen konnte. Und doch war es Sein Beweis der auserwählenden Liebe. Es schien zum Tode zu führen und war doch der Weg zum Leben.

Kein Menschenherz ist je in eine so dunkle Nacht eingegangen wie der Gottmensch in Gethsemani und auf Golgotha. In das unergründliche Geheimnis der Gottverlassenheit des sterbenden Gottmenschen vermag kein forschender Menschengeist einzudringen. Aber Jesus kann auserwählten Seelen etwas von dieser äußersten Bitterkeit zu kosten geben. Es sind seine treuesten Freunde, denen er es als letzte Probe ihrer Liebe zumutet. Wenn sie nicht davor zurückschrecken, sondern sich willig hineinziehen lassen in die dunkle Nacht, dann wird sie ihnen zum Führer:

O Nacht, die Führer war?
O Nacht, viel liebenswerter als die Morgen-
röte!
O Nacht, die du verbunden
Die Liebste dem Geliebten,
In den Geliebten die Geliebte umgewandelt!
(Gesang der dunklen Nacht, Str. 5).

Das ist die große Kreuzerfahrung von Toledo:
äußerste Verlassenheit und eben in dieser Verlassenheit die Vereinigung mit dem Gekreuzigten.
So ist es vielleicht zu verstehen, daß die Aussagen
über die Zeit seiner Gefangenschaft widerspre-
chend klingen: wenn berichtet wird, er habe selten oder nie Tröstungen empfunden, Leib und
Seele hätten gelitten; und auf der andern Seite:
eine einzige der Gnaden, die ihm Gott dort er-
wies, sei durch viele Kerkerjahre nicht zu bezah-
len. Es wird später ausführlich darzustellen sein,
wie die Seele gerade durch die Erfahrung der
eigenen Nichtigkeit und Ohnmacht in der Dunklen Nacht zu wahrer Selbsterkenntnis und zur
Erleuchtung über Gottes Größe und Heiligkeit
kommt, wie sie dadurch geläutert, mit Tugenden
geschmückt und für die Vereinigung zubereitet
wird. Das sind gewiß kostbare Gnaden, die durch
nichts zu teuer erkauft werden können, und wir
würden es schon um ihretwillen verstehen, daß
Johannes nach seiner Flucht aus dem Kerker bei
den Karmelitinnen von Toledo von seinen Peini-
gern wie von großen Wohltätern sprach. Wenn
er aber bei dieser Gelegenheit versicherte, er habe
nie eine solche Fülle von übernatürlichem Licht
und Trost genossen wie in der Gefangenschaft,

so müssen wir doch annehmen, daß er hier über die Leidensgnaden hinausgelangt ist. Auch die Strophen der *Dunklen Nacht* und des *Geistlichen Gesanges*, die im Kerker entstanden sind, legen Zeugnis ab von beseligender Vereinigung. Kreuz und Nacht sind der Weg zum himmlischen Licht: das ist die Frohe Botschaft vom Kreuz.

Ein ganz kurzer Text, aus einem Briefchen an die Mutter Priorin in Echt, offensichtlich in den allerletzten Lebenstagen geschrieben, in einer den geschilderten Heimsuchungen des Ordensvaters Johannes außerordentlich ähnlichen Situation, klingt wie ein persönliches Echo auf die im vorausgehenden Text gebotene Darstellung:

Ich bin mit allem zufrieden. Eine «scientia Crucis» kann man nur gewinnen, wenn man das Kreuz gründlich zu spüren bekommt. Davon war ich vom 1. Augenblick an überzeugt und habe von Herzen: Ave Crux, Spes unica! gesagt.

LITERATUR

Werke und Schriften Edith Steins

Die wichtigsten Werke liegen bisher in 10 Bänden einer noch unvollständigen Gesamtausgabe vor, welche von L. Gelber und Romaeus Leuven OCD besorgt wird; sie erscheint bei Bosman/Druten und Herder/Freiburg.

A 1   I.   Kreuzeswissenschaft. Studie über Johannes a cruce, 1950

A 2   II.   Endliches und Ewiges Sein. Versuch eines Aufstiegs zum Sinn des Seins, 1950

A 3   III.   Des hl. Thomas von Aquino Untersuchungen über die Wahrheit. Band 1, 1952

A 4   IV.   Des hl. Thomas von Aquino Untersuchungen über die Wahrheit. Band 2, 1955

A 5   V.   Die Frau. Ihre Aufgabe nach Natur und Gnade, 1959

A 6   VI.   Welt und Person. Beitrag zum christlichen Wahrheitsstreben, 1962

A 7   VII.   Aus dem Leben einer jüdischen Familie. Das Leben Edith Steins: Kindheit und Jugend, 1965

A 8   VIII.   Selbstbildnis in Briefen. Erster Teil: 1916–1934, 1976

A 9   IX.   Selbstbildnis in Briefen. Zweiter Teil: 1934–1942, 1977

A   X.   Heil im Unheil. Das Leben Edith Steins: Reife und Vollendung, 1983

       Noch nicht in der Gesamtausgabe erschienen u.a.:

A 11   Zum Problem der Einfühlung. Inaugural-Dissertation, Halle 1917. Als Reprint bei Kaffke/München 1980

       Beiträge zur philosophischen Begründung der Psychologie und der Geisteswissenschaften.

A 12   Erste Abhandlung: Psychische Kausalität: 1–116

A 13 Zweite Abhandlung: Individuum und Gemeinschaft: 116–283, in: Jahrbuch für Philosophie und phänomenologische Forschung V, 1922

A 14 Eine Untersuchung über den Staat: 1–123, ebenfalls im vorgenannten Jahrbuch, VII, 1925

A 15 Husserls Phänomenologie und die Philosophie des hl. Thomas von Aquino. Versuch einer Gegenüberstellung, in: Festschrift, Edmund Husserl zum 70. Geburtstag gewidmet, 315–338 (= Ergänzungsband zum vorgenannten Jahrbuch, 1929)

Die wichtigsten Kleinschriften und Zeitschriftenbeiträge sind zusammengefaßt veröffentlicht durch Waltraud Herbstrith, Wege der inneren Stille, München 1978, nämlich:

A 16 1. Weihnachtsgeheimnis

A 17 2. Das Gebet der Kirche

A 18 3. Wege der inneren Stille

A 19 4. Sancta Discretio – Gabe der Unterscheidung

A 20 5. Teresa von Avila

A 21 6. Elisabeth von Thüringen

A 22 7. Geschichte und Geist des Karmel

Wegen des großen biografischen Wertes verdient noch zusätzliche Erwähnung der auf Wunsch der Kölner Priorin Teresia Renata de Spiritu Sancto verfaßte Bericht: «Wie ich in den Kölner Karmel kam», der in das in mehreren Auflagen erschienene «Lebensbild» Teresia Renatas aufgenommen wurde (s. Lit. über Edith Stein!).

Biografische Literatur über Edith Stein

B 1 *Teresia Renata de Spiritu Sancto,* Edith Stein. Schwester Teresia Benedicta a cruce. Philosophin und Karmelitin. Ein Lebensbild gewonnen aus Erinnerungen und Briefen.
Die 7. Aufl. mit dem Untertitel: «Eine große Frau

unseres Jahrhunderts» (Der Text der 7. Aufl. auch erschienen als Bd. 3 der Herder-Bücherei)

B 2   *Graef, Hilda,* Edith Stein. Leben unter dem Kreuz. Versuch einer Biographie
Die 5. Aufl. unter dem Titel: Edith Stein. Zeugnis des vernichteten Lebens. Mit einem Nachwort von Theodor Schnitzler, Freiburg/Br. 1979

B 3   *Sr. Teresia a Matre Dei* (= Ordensnamen von Waltraud Herbstrith) Edith Stein. Auf der Suche nach Gott, Kevelaer ²1965

B 4   *Kawa, Elisabeth,* Edith Stein. «Die vom Kreuz Gesegnete», Berlin 1953

B 5   *Böhm, Wilhelmine,* Im Schatten von Golgota. Edith Stein, Meitingen-Freising 1980 (= Theologie und Leben 56)

B 6   *Herbstrith, Waltraud,* Das wahre Gesicht Edith Steins, München ⁴1980

B 7   *Paulus, Martha,* Edith Stein. Aus Leben und Werk, München-Zürich 1960

B 8   *Huning, Alois,* Edith Stein und Peter Wust. Von der Philosophie zum Glaubenszeugnis, Münster 1969

B 9   *Schlafke, Jakob,* Edith Stein. Dokumente zu ihrem Leben und Sterben, Köln 1980

B 10 *Gli scritti* della serva di Dio *Edith Stein – Teresa Benedetta della croce –* Carmelitana scalza (1891–1942)
Studio ufficiale dei due teologi censori della Congregazione per le cause dei santi, Roma 1977 (im Edith-Stein-Archiv des Kölner Karmels «Maria vom Frieden»)

ANMERKUNGEN

1 Vgl. Literaturverzeichnis!

2 In: B 1

3 B 1: 55 (wenn nicht anders vermerkt, wird B 1 zitiert nach Bd. 3 Herder-Bücherei)

4 A 9: 102

5 A 9: 102

6 B 1: 64

7 A 10: 120

8 B 4: 18

9 A 2: 12; XI; vgl. 494

10 A 5: 209; vgl. 110

11 Vgl. *Norbert Hartmann,* Edith Stein. Teresia Benedicta a cruce, in: Anton Rotzetter (Hrsg.), Geist und Geistesgaben (= Seminar Spiritualität 2), Zürich 1980; dort auch Belege im einzelnen.

12 A 5: 4

13 Examensnote: Summa cum laude; Thema der Dissertation: Zum Problem der Einfühlung (A 10).

14 Gemeint sind: A 11; A 12 und A 13.

15 B 4: 23 f

16 A 10: 131

17 B 3: 64–68

18 A 12: 210

19 B 1: 55 f

20 B 1: 56

21 A 9: 102. Nach dem Kontext ist dies zunächst eine Aussage über ihren «Meister» Edmund Husserl, die aber natürlich auch auf sie selbst anwendbar ist.

22 B 2: 49

23 vor allem A 5

24 B 1: 64

25 B 1: 100

26 B 2: 97; B 4: 111

27 B 3: 146

28 A 11: 85

29 B 1: 123

30 B 1: 95

31 Edith-Stein-Archiv/Köln, Unveröffentlichte Mss: 12 C IV 95 und 90

32 B 1: 85

33 A 16: 40 f

34 A 16: 25; 24

35 A 8: 92

36 A 16: 28 ff

37 A 15: 23

38 A 5: 14

39 B 2: 241

40 A 8: 148; vgl. A 9, 28: Brief an Gertrud von Le Fort: «Sie können sich gar nicht denken, wie tief es mich jedesmal beschämt, wenn jemand von unserem ‹Opferleben› spricht. Ein Opferleben habe ich geführt, solange ich

draußen war. Jetzt sind mir fast alle Lasten abgenommen.»

[41] B 2: 127   [42] A 9: 105   [43] A 9: 9

[44] A 8: 153   [45] A 9: 9

[46] z. B. die Briefe Nr. 164 und 152 in A 8.

[47] B 6: 45   [48] A 9: 184;   [49] B 1: 63 f; 83
                     vgl. 188

[50] B 1: 57   [51] B 1: 57 f   [52] B 1: 16

[53] B 1: 107 f   [54] B 1: 109

[55] S. 35–41: «Edith Stein und der Entwurf für eine Enzyklika gegen Rassismus und Antisemitismus».

[56] S. 7: «Zwei neue Bände der Akten und Dokumente des Hl. Stuhles zur Geschichte des II. Weltkrieges: eine fehlende Enzyklika».

[57] Briefe über Edith Stein I, 336: im Edith-Stein-Archiv/ Köln.

[58] B 3: 129   [59] B 1: 159 f

[60] B 4: 73 als Zitat aus *Gerta Krabbel*, Selig sind des Friedens Wächter, 255.

[61] A 9: 121   [62] A 15: 18 f   [63] B 3: 196

[64] B 3: 158   [65] B 3: 201   [66] A 1: 241

[67] A 1: 24; es ist die Rede von Johannes vom Kreuz; wer aber dächte beim Lesen nicht an ihre eigenen letzten Tage?!

[68] B 3: 299   [69] B 1: 98

[70] B 1: 135, Anm. Die in B 1, 7. Aufl. zu findende Anmerkung ist nicht aufgenommen in Herder-Bücherei 3.

[71] B 2: 191   [72] A 8: 60   [73] A 1: 17

[74] B 3: 200   [75] B 3: 201   [76] A 9: 133

[77] B 3: 227   [78] A 1: 24 f   [79] A 15: 24

[80] A 1: 35   [81] A 1: 144 f   [82] A 2: 383

[83] A 2: 420   [84] B 1: 192 f   [85] A 1: 165

[86] B 1: 192 f   [87] B 1: 192   [88] B 1: 214

[89] B 2, 5. Auflage, Nachwort von Theodor Schnitzler

[90] A 9: 116

[91] A 1: 165